U0895654

上海市Ⅰ类高峰学科（外国语言文学）建设项目成果

上海外国语大学丝路战略研究所智库建设项目成果

上海外国语大学中外文化软实力比较研究基地建设项目成果

上海外国语大学校级重大课题成果

2016 年上海高校青年教师培养资助计划

丝路学研究 · 国别和区域丛书

中东非阿拉伯国家智库研究

A Study on Think Tanks in Non-Arab Countries in the Middle East

杨阳 等 著

目　录

第一章

研究的题旨与理论分析 / 1

第一节　研究题旨的现实背景 / 1

第二节　国内外研究综述 / 5

第三节　相关理论解读和基本阐释框架 / 17

第二章

以色列智库研究 / 22

第一节　以色列智库概况 / 22

第二节　以色列智库的发展现状与特点 / 69

第三节　以色列智库对外交政策的影响 / 73

第三章

土耳其智库研究 / 85

第一节　土耳其智库概况 / 85

第二节　土耳其智库的现状与特点 / 96

第三节　土耳其智库对于外交政策的影响 / 114

第四章

伊朗智库概述 / 130

第一节　伊朗智库概况 / 130

第二节　伊朗智库的现状与特点　/　140
第三节　伊朗智库对外交政策的影响　/　143

第五章
中东非阿拉伯国家智库与中国　/　151

第一节　“一带一路”倡议下中国与以色列智库的合作　/　151
第二节　“一带一路”倡议下中国与土耳其智库的合作　/　158
第三节　“一带一路”倡议下中国与伊朗智库的合作　/　164

参考文献　/　172

第一章　研究的题旨与理论分析

第一节　研究题旨的现实背景

一　本研究所涉及的三个中东非阿拉伯国家

本课题考察的中东非阿拉伯国家是指以色列、土耳其和伊朗这三个国家，它们是中东地区阿拉伯世界之外的三个重要国家，与阿拉伯世界并称中东地区的四大力量，三个国家的主体民族犹太人、土耳其人和波斯人与阿拉伯人一起构成了中东地区的四大主体民族。在这三个非阿拉伯国家中，以色列是美国在中东地区的特殊盟友，保证以色列的安全一直是美国中东政策的重要组成部分，延续多年的阿以冲突尤其巴以冲突虽然在中东剧变中有被边缘化的趋势，但仍是中东问题的核心；土耳其横跨欧亚大陆，具有重要的地缘战略地位，是美国的北约盟友，也是伊斯兰世界的重要成员，其将伊斯兰与民主制相结合的土耳其模式在阿拉伯世界发生动荡后曾引起很多关注，但土耳其积极介入叙利亚内战，击落俄罗斯战机，越境打击库尔德武装，国内屡遭恐怖主义袭击，2016 年 7 月 15 日部分土耳其军人发动的未遂政变更是震惊了世界；伊朗是中东另一地区大国，拥有悠久的历史，又是重要的产油国，伊朗在伊斯兰革命后与美国交恶，其核发展项目一直被美国和以色列视为极大的威胁，2015 年 7 月 14 日，伊朗核问题全面协议达成，伊朗与西方及美国的关系得到缓和，但特朗普的上台又为伊核问题的前景增添了不确定因素。

这三个非阿拉伯国家政治、经济发展进程各不相同。以色列是中东地区唯一保持稳定的西方民主制国家，就经济发展水平而言其也已跨入发达国家行列，并被视为创新发展的典范之一。土耳其共和国建国后积极推进世俗化和西方式民主制，作为20国集团的成员，其新兴市场经济国家地位已得到国际社会的认可，但其因伊斯兰属性仍被西方视为异类，其民主体制发展也多次被军方打断。伊朗在伊斯兰革命后形成了独特的政教合一的伊斯兰共和国体制，伊朗油气资源丰富，是石油输出国组织欧佩克的重要成员，能源产业是其经济支柱产业。

以色列、土耳其和伊朗三国的政策走向与政局变化对中东地区局势有着重要的影响。三国与阿拉伯世界的关系颇为复杂，以色列是三国中唯一不属于伊斯兰世界的国家，因巴勒斯坦问题和数次中东战争而长期与阿拉伯国家交恶，虽与埃及和约旦签署了和平协议，实现了建交，但其与叙利亚和黎巴嫩两个阿拉伯邻国仍未实现和平，2006 年 7 ~8 月还爆发了第二次黎巴嫩战争。叙利亚内战爆发后，以色列也曾多次以阻止叙利亚向黎巴嫩真主党运送武器或以遭受叙利亚炮火袭击为由向叙境内目标发动空袭。土耳其虽属伊斯兰世界，但与周边的阿拉伯国家仍存隔阂，奥斯曼土耳其历史上曾东征西讨，直接或间接统治过阿拉伯世界大片领土，土耳其亲西方和亲以的政策也时常招致阿拉伯国家的批评。中东剧变发生后，土耳其积极支持阿拉伯国家内部的反对派，并介入叙利亚内战，引发阿拉伯国家的不满。伊朗也是伊斯兰世界和中东地区的大国，但其什叶派属性使其与以逊尼派统治为主的阿拉伯国家有些格格不入。20 世纪 80 年代伊朗还曾与伊拉克爆发了长达 8 年之久的两伊战争。伊朗发展核能力也遭到沙特等阿拉伯国家的强烈反对。

以色列、土耳其、伊朗三国之间的关系也是起起伏伏，错综复杂。以色列与土耳其是美国在中东地区的重要盟友，两国曾一度建立起密切的战略伙伴关系，但在 2010 年以色列袭击向加沙运送物资的土耳其船只事件发生后，两国关系陷入低谷，直到 2016 年 6 月两国才达成实现关系正常化协议；以色列与伊朗也曾是亲密的盟友，1979 年伊朗伊斯兰革命是两国关系的转折点，此后以色列与伊朗的关系不断恶化直至走向敌对，伊朗拒绝承认以色列作为犹太国家的合法性，以色列则将伊朗发展核能力视为对自身安全的最大威胁；作为邻国，土耳其与伊朗保持着较为平稳的关系，但作为两个都具有成为中东地区大国诉求的国家，两国关系也时有摩擦和紧张。

中国与这三个中东非阿拉伯国家都建立起了友好合作、互利共赢的关系。中国与土耳其和伊朗在 1971 年就实现了建交，与以色列于 1992 年建交。2010

年 10 月，温家宝总理访问土耳其期间，中国与土耳其决定建立和发展战略合作关系；2016 年 1 月，习近平主席访问伊朗，双方同意建立全面战略伙伴关系；2015 年 1 月，中国与以色列建立创新合作联合委员会，将以色列“创业国度”的创新精神同中国创新驱动发展战略相结合，使两国关系与合作迈出一大步。同时，这三国都是中国“一带一路”倡议沿线的重要国家，对中方提出的“丝绸之路经济带”和“21 世纪海上丝绸之路”倡议均表示欢迎，对共同推进“一带一路”建设都持积极立场，三国均已是亚洲基础设施投资银行的创始成员国。

以色列是“21 世纪海上丝绸之路”的重要节点，是中东地区联系亚洲和欧洲的重要枢纽。以色列将从“一带一路”建设中得到很多收益，提升双方合作水平，促进以色列经济和对外贸易的发展，开启中以经贸合作新篇章。以色列目前正在推动基础设施建设，包括在港口城市海法建设新港口，修建特拉维夫“红线”地铁项目，上港集团和中铁隧道集团都参与到了这些项目中。此外，以色列的公司和科研机构也非常希望扩大与中国的合作，与中国分享先进的技术，并设立联合研发机构。2016 年 3 月，中国和以色列宣布启动两国自贸协定（FTA）谈判进程。

土耳其横跨欧亚两洲，位于连接欧亚非三大洲的十字路口，具有重要的地缘政治意义，也是中国“一带一路”倡议的重要节点之一。2015 年 11 月 14 日，习近平主席在土耳其出席 20 国集团（G20）峰会期间，中土两国签署了“一带一路”建设谅解备忘录，双方将积极利用丝路基金和亚洲基础设施投资银行等平台，创新合作渠道和模式，实现共同发展和共同繁荣。

伊朗在“一带一路”中占据支点地位，是“丝绸之路经济带”与“海上丝绸之路”的交会点。2016 年 1 月 23 日，习近平主席访问伊朗期间强调，中方愿同伊方加强“一带一路”框架内各领域务实合作。双方要把能源合作作为“压舱石”，在能源领域建立长期稳定合作关系；把互联互通合作作为“着力点”，开展铁路、公路、港口、矿产、通信、工程机械等领域合作，落实好有关基础设施建设项目；把产能合作作为“指南针”，加强经济产业政策沟通和对接，引导两国优势互补企业加强合作，构建全方位、宽领域、多元化的产能合作格局；把金融合作作为“助推器”，积极探讨研究新的金融合作模式，加强在亚洲基础设施投资银行框架内的合作。伊朗领导人表示将积极参与

“一带一路”建设。习近平和鲁哈尼共同见证了《中华人民共和国政府和伊朗伊斯兰共和国政府关于共同推进丝绸之路经济带和21世纪海上丝绸之路建设的谅解备忘录》以及能源、产能、金融、投资、通信、文化、司法、科技、新闻、海关、气候变化、人力资源等领域多项双边合作文件的签署。[①] 两国还签署了《中国国家发改委、中国人民大学和伊朗外交部、伊朗政治与国际问题研究院共建“一带一路”智库合作备忘录》。[②]

二　本研究所涉及的智库研究问题

近年来，智库建设在中国受到广泛关注。2012年11月，党的十八大报告提出，“坚持科学决策、民主决策、依法决策，健全决策机制和程序，发挥智库作用”。2013年4月15日，习近平总书记对建设中国特色智库做出重要批示，2013年11月，十八届三中全会提出建设中国特色新型智库，建立健全决策咨询制度。它表明加强中国特色新型智库建设已成为推进国家治理体系和治理能力现代化的组成部分。2014年3月，习近平总书记在访问德国时强调在中德两国成为全方位战略伙伴关系中加大政府、政党、议会、智库交往。智库建设被提到了国家外交层面，“智库外交”将成为我国国际交流与合作的“第二轨道”。

2014年10月27日，中央全面深化改革领导小组第六次会议审议了《关于加强中国特色新型智库建设的意见》。习近平提出要从推动科学决策、民主决策，推进国家治理体系和治理能力现代化、增强国家软实力的战略高度，把中国特色新型智库建设作为一项重大而紧迫的任务切实抓好。2015年1月20日，中共中央办公厅、国务院办公厅印发了《关于中国特色新型智库建设的意见》，提出，中国特色新型智库是党和政府科学民主依法决策的重要支撑，是国家治理体系和治理能力现代化的重要内容，是国家软实力的重要组成部分。纵观当今世界各国现代化发展历程，智库在国家治理中发挥着越来越重要的作用，日益成为国家治理体系不可或缺的组成部分，是国家治理能力的重要

① 《习近平同伊朗总统鲁哈尼举行会谈》，http://news.xinhuanet.com/world/2016-01/23/c_1117872740.htm。

② 《中国伊朗达成首个官学合作智库协议》，http://world.people.com.cn/n1/2016/0125/c1002-28082045.html。

体现。智库是国家软实力的重要载体，越来越成为国际竞争力的重要因素，在对外交往中发挥着不可替代的作用。2016 年 12 月 5 日，中央全面深化改革领导小组第三十次会议审议通过的《关于加强“一带一路”软力量建设的指导意见》指出，软力量是“一带一路”建设的重要助推器。要加强总体谋划和统筹协调，坚持陆海统筹、内外统筹、政企统筹，加强理论研究和话语体系建设，推进舆论宣传和舆论引导工作，加强国际传播能力建设，为“一带一路”建设提供有力理论支撑、舆论支持、文化条件。智库在“一带一路”软力量建设中将起到更为重要的作用。

中东地区地处“一带一路”的交会地带，具有联通欧亚非三洲的重要枢纽地位。中东国家占了“一带一路”沿线国家的四分之一强，作为“一带一路”沿线的重要地区，随着中国与中东国家关系的进一步深化，特别是“一带一路”倡议的实施，中国与中东国家关系的发展迎来了新机遇。中国将与中东各国坚持共商、共建、共享的原则，推动“一带一路”建设，构建“利益共同体”“命运共同体”“责任共同体”三个共同体，实现政策沟通、道路联通、贸易畅通、货币流通、民心相通“五通”。以色列、土耳其和伊朗这三个非阿拉伯中东国家尽管仍存在巴以冲突、土耳其恐怖袭击多发、伊朗核问题前景未定等问题，但依然是中东地区较为安全和稳定的国家，是中国在中东推进“一带一路”建设的重点对象国，应加强与以色列、土耳其和伊朗的智库的对话与合作，为推动“一带一路”建设提供政策咨询，促进与各国的政策沟通，加深与各国的民心相通。

与中东地区的阿拉伯国家相比，总体而言，以色列、土耳其两国的智库建设较为发达成熟，伊朗则有不少直接服务于国家政权的智库，这些国家的智库特别是外交政策智库对各国政策、中东局势、对华政策的影响等，都值得深入研究。中国与以色列、土耳其和伊朗开展智库间的交流与合作将为推动双方在“一带一路”框架下加强合作、建立利益共同体提供有力支撑。

第二节　国内外研究综述

随着对智库重要性的认识不断提升，“建设中国特色新型智库”经高层领导的批示和党的重要决议及文件所强调，成为全面深化改革的一项重要内容。

智库研究已成为国内学术界关注的一个重要课题，出现了一大批智库研究的著作和论文等成果。

早在20世纪80年代，中国学者就开始了对国外智库的关注，出现了一些以介绍国外智库为主的成果。当时对智库的提法也各不相同，如思想库、脑库、智囊团等，这些较早的作品有吴天佑、傅曦编著的《美国重要思想库》（时事出版社，1982），夏禹龙等编著的《现代智囊团》（知识出版社，1984），张静怡的《世界著名思想库——美国兰德公司、伦敦国际战略研究所等见闻》（军事科学出版社，1985），徐之先、徐淡编著的《日本的脑库》（时事出版社，1989），等等。

进入21世纪，中国学者的智库研究成果更趋丰富，出现了一批新的成果，例如，孙家祥等的《领袖的外脑——世界著名思想库》（中国社会科学出版社，2000），中国现代国际关系研究所（院）编撰的《美国思想库及其对华倾向》（时事出版社，2003），《欧洲思想库及其对华研究》（时事出版社，2004），《俄罗斯外交思想库》（时事出版社，2005），王莉丽的《旋转门——美国智库研究》（国家行政学院出版社，2010），李建军、崔树义主编的《世界各国智库研究》（人民出版社，2010），冯绍雷主编的《智库——国外高校国际研究院比较研究》（上海人民出版社，2011），冯叔均等编著的《智库谋略——重大事件与智库贡献》（三联书店，2012），李凌等著的《智库产业——演化机理与发展趋势》（三联书店，2012），等等。

近年来，中国学者智库研究的领域更为宽广，研究也不断深入，新的研究成果层出不穷，例如，任晓的《第五种权力——论智库》（北京大学出版社，2015）将智库称为继立法、行政、司法三权以及第四权——媒体之后的第五种权力，从智库的定义出发，梳理了智库的发展历程、类型、功能、运作机制和筹款方式等，对美国两家著名的智库卡内基国际和平基金会和传统基金会进行了案例分析，并介绍了西方智库的中国问题研究和对华政策研究。另外，作者还专辟一章介绍了中国智库的发展现状，对智库的发展趋势进行了预测，认为智库将进一步走向国际化、网络化，中国智库也将展现国际性作用。① 唐磊主编的《当代智库的知识生产》（中国社会科学出版社，2015）汇编了10余篇

---

① 参见任晓《第五种权力》，北京大学出版社，2015，第291页。

国外学者的智库研究论文，对美国、英国、德国及中国等各国智库的形态、特点以及趋势进行了深入分析探讨，展现了西方学者对智库定义、智库功能、智库知识生产的内在机制、智库影响决策的机制及其评估等问题进行的深入思考，期望以此思考中国特色智库建设的路径。

此外还出现了一大批智库研究的论文，聚焦于中外智库的发展与影响力，例如，陈媛媛、李刚、关琳的《中外智库影响力研究评价述评》[《新疆大学学报》（哲学社会科学版）2015 年第 4 期]，结合具体实例探讨了智库影响力评价解决方案和未来研究趋势；吴育良的《国外智库信息服务的分析与启示》（《情报杂志》2015 年第 2 期）通过对国外知名智库信息资源建设、信息服务内容、信息服务策略等方面的介绍和分析，提出中国特色的新型智库信息服务部门应从智库决策研究信息支持保障机制、智库决策研究信息支持集成平台建设、智库决策研究信息支持协同创新、智库决策研究信息支持服务成效评估指标体系四个方面来构建智库决策研究支持信息的服务集成；李纯、崔小委的《全球智库发展概况及我国智库发展态势分析》（《图书馆与理论实践》2016 年第 6 期）从智库的发展历程入手，介绍近年来全球以及重要国家的智库发展概况，从国别、机构和突现词三个方面分析了目前学界对国内外智库的研究情况，从整体上把握全球智库的发展态势，并结合实际总结了现阶段我国智库发展的主要特点及其发展趋势。

智库研究已经开始成为中国学术界关注的一个热点问题，一个突出的例证就是除了散见于各种报刊的有关智库的报道和研究论文及不断增多的智库研究专著和译著之外，2016 年 2 月，经国家新闻出版广电总局正式批复，由中国科学院主管、中国科学院文献情报中心和南京大学联合主办的学术期刊《智库理论与实践》正式创刊，成为国内第一份专门刊登智库研究成果的学术期刊，其主要内容涵盖了智库基本理论、智库研究方法；智库的组织管理、运行模式、人才培养、经费投入、建设经验；国内外智库评价，包括智库影响力、智库评价指标及方法与体系；国内外智库发展特点与案例剖析；面向科技政策、体制机制与管理的战略研究、咨询和评论；科技智库研究报告、政策建议等。①

① 参见《智库理论与实践》简介，http://www.thinktank.ac.cn/WKD/WebPublication/wkTextContent.aspx?navigationContentID=63b499f4-fe07-4461-89c5-697c9338c5e6&mid=zksl。

作为政治生活中一个非常重要的社会现象，独立的公共政策研究机构（即智库）对各个国家的内政和外交事务有着重要的影响。然而全面检索国内外现有的智库相关文献就会发现，绝大部分研究者的注意力都投向了英美等大国的智库，只有极少数文献关注中东国家智库。随着中东问题在国际社会的影响不断扩大，国内外学者都加强了对中东智库的研究，但在这方面取得的成果还比较少见，研究的范围和深度也非常有限。总的来说，尚缺乏对于中东智库尤其是非阿拉伯国家智库的组织结构、研究方式、领域分工、决策影响、信息交流、成果流向等本质性的深层次问题的研究。

我国学者的智库研究成果基本上集中于欧美国家和部分亚洲国家的智库，对于中东地区极少涉猎，而在中东，特别是在以色列、土耳其和伊朗的区域国别研究成果中尚欠缺智库研究。杨阳在 2006 年第 8 期《社会观察》上发表的《形形色色的“中东智库”》对中东智库的基本情况做了简要的介绍，并举例介绍了中东几家智库的发展现状和影响。在 2011 年举办的“两种古老文明的对话——以色列研究在中国”国际学术研讨会上，臧德清做了“以色列智库在以色列对华政策中的作用”的发言，但尚未见到其发表的成果。在国内，尚未出现专门论述中东智库的专著，冯叔均等编著的《智库谋略——重大事件与智库谋略》一书专辟一章“以色列智库对伊朗核问题的判断、建议及其对中国的启示”总结了以色列智库对伊朗核问题的研判和对中国的启示。研究中东国家特别是上述三国的智库的论文也较少，陈广猛在 2016 年第 4 期《西亚非洲》上发表的《以色列智库对外交政策的影响》是国内学者的最新研究成果，闵捷也在 2016 年第 22 期《世界知识》上发表了《教育发展和以色列智库建设》一文。

随着“一带一路”建设的推进，学者对中国与中东特别是阿拉伯国家智库合作展开了研究。2015 年 8 月 29 日，由宁夏社会科学院、中国中东学会、宁夏博览局联合主办的“首届中国与阿拉伯国家智库论坛”在宁夏回族自治区首府银川市举行，《宁夏社会科学》2015 年第 11 期发表了《“一带一路”战略下中阿智库建设与合作——“2015 首届中国—阿拉伯国家智库论坛”综述》一文和几位中东问题专家向大会提交的论文，例如，吴思科的《智库在中阿产能合作中发挥引领作用》，杨光的《中阿关系与中阿智库建设》，王林聪的《智库建设与中阿“一带一路”共建》，王健的《中国智库发展与中阿智库合作》等。

国外学者对智库的研究则要深入得多，既有百科全书式的世界各主要智库资料汇编类著作，也有对智库进行深入研究分析的著作。前者主要有日本的综合研究开发机构所编的《世界智库辞典》，阿兰·戴（Alan J. Day）编著的《智库：世界辞典》等。宾夕法尼亚大学的“智库与公民社会项目”（Think Tanks & Civil Society Program，TTCSP）每年发布的《全球智库指数报告》是目前最全面的关于全球智库影响力的研究成果。该项目1989年由费城的外交政策研究所发起，2008年该项目转至宾夕法尼亚大学。后者的代表性成果有唐纳德·阿贝尔森（Donald E. Abelson）的《智库有用吗？评估公共政策机构的影响》（*Do Think Tanks Matter?: Assessing the Impact of Public Policy Institutes*, McGill – Queen's University Press，2002），詹姆斯·艾伦·史密斯（James Allen Smith）的《思想掮客：智库与新兴的政策精英的崛起》（*The Idea Brokers: Think Tanks and the Rise of the New Policy Elite*, Free Press，1993），戴安娜·斯通（Diane Stone）和安德鲁·邓汉姆（Andrew Denham）的《智库传统：政策研究与思想的政治》（*Think Tank Traditions: Policy Research and the Politics of Ideas*, Manchester University Press，2004）等。

国外学者的研究重点仍是欧美主要智库，对于中东智库，除了在国际智库汇编中对以色列、埃及等几个国家的若干智库有一些粗略的介绍外，笔者尚未看到有对于中东智库的全面介绍和研究类专著。宾夕法尼亚大学的《全球智库指数报告》对全世界的智库包括中东和北非地区的智库进行了介绍和排名，例如，2016年2月发布的2015年《全球智库指数报告》统计，截至2015年年底，全世界的智库总数为6845家，其中中东和北非地区共有398家，占全球智库总数的5.8%，而在全球智库数量最多的25个国家中，伊朗和以色列分别以59家智库和58家智库而排在第18位和第20位，土耳其虽未进入全球前25位，但其32家智库的数量仅次于伊朗、以色列和埃及，在中东和北非地区排在第4位。而以色列、土耳其和伊朗这三个非阿拉伯国家的智库总数达到了149家，占整个中东和北非地区的37.4%。[①] 但在詹姆斯·麦克甘（James G. McGann）和肯特·威佛（R. Kent Weaver）主编的《智库与市民社会》一

① James G. McGann, *2015 Global Go to Think Tank Index Report*, TTCSP Global Go to Think Tank Index Reports, Paper 10, Feb. 2016, http://repository.upenn.edu/think_tanks/10.

书中收录了两篇关于中东智库的论文，分别是埃里克·约翰逊（Erik C. Johnson）的《超越冲突政治的决策：中东和北非的民间智库》和希沙姆·阿瓦尔塔尼（Hisham Awartani）的《转型中的智库——巴勒斯坦研究中心：一个个案研究》。约翰逊在《超越冲突政治的决策：中东和北非的民间智库》一文中指出，中东地区持续的动荡和冲突推动了该地区国家政策研究机构的建立和发展。在中东地区那些社会较为开放和民主的国家中，民间智库较为发达，这些国家包括以色列、土耳其这两个中东非阿拉伯国家和埃及、约旦、黎巴嫩、摩洛哥等阿拉伯国家以及巴勒斯坦地区。另一个中东非阿拉伯国家伊朗则与科威特、巴林、阿联酋、也门和阿尔及利亚类似，由于政府控制力较强，民间智库并不发达，智库多属于受到政府资助的半自治型政策研究机构。以色列民间智库的发达除了其在中东拥有最为开放和民主的社会之外，也是因为以色列国内外犹太人对智库的慈善捐助。阿以冲突催生了中东地区国家决策者对智库的需求，连绵不断的战争和冲突为智库发挥政策咨询作用提供了更多的机会，这一作用并不会随着阿以冲突问题的最后解决而终结。中东社会转型、恐怖主义、宗教极端主义、能源问题等困扰中东国家的问题，使中东各国的智库不会缺乏研究议题。①

尽管以色列智库发展在中东地区处于领先地位，但以色列学者自身对以色列的智库研究成果并不多见。汉娜·艾尔卡·梅耶斯（Hannah Elka Meyers）2009 年在《中东季刊》上发表了《以色列需要智库吗?》一文，对以色列智库的发展和作用进行了研究。2011 年，以色列地区外交政策研究所举办了“以色列外交政策的转型：智库起作用了吗”研讨会，探讨了以色列智库在外交政策制定中的作用。倒是有一位来自埃及的开罗大学的学者希巴·贾马尔·埃勒·丹（Heba Jamal El Din）2016 年在《当代阿拉伯事务》上发表了《以色列智库影响决策的作用》一文，考察了以色列智库的发展及智库对以决策过程的影响，重点是对以色列在阿以冲突问题上的立场的影响。②

智库在西方民主语境中作为推进政治民主化进程的重要一环，在国内学者

① Erik C. Johnson, “Policy Making Beyond the Politics of Conflict: Civil Society Think Tanks in the Middle East and North Afirca,” in James G. McGann & R. Kent Weaver, eds., *Think Tanks and Civil Societies Catalysts for Ideas and Action*, Transaction Publishers, 2002.

② Heba Jamal El Din, “The Role of Think Tanks in Influencing Policy-Making in Israel,” *Contemporary Arab Affairs*, 9: 2, 2016, pp. 187 – 211.

研究土耳其民主进程的过程中往往是缺失的。王林聪在《当代中东伊斯兰国家民主化若干问题研究》中对于“真主主权”和“民众主权”进行了深入剖析，并以土耳其为例指出伊斯兰教并非世俗化和民主化的障碍，对民主化进程中的诸多因素，尤其是权威主义的影响进行了分析；李智育在《正发党执政期间土耳其民主巩固研究（2002－2014）》一文中提及了政治文化同土耳其民主巩固过程的关系，并在分析中提到国家精英和政治精英，以及涉足国家执政利益的精英之间的矛盾关系对土耳其民主巩固过程的影响，但受主题及篇幅所限，该文并未对同智库建设相关的知识精英在民主巩固过程中的角色进行介绍分析；高松林的《土耳其公民社会研究》一文着力探讨土耳其公民社会状况，考察其在土耳其民主建设中的作用，而其对于公民社会组织的考察分类是按照世俗性和宗教性来分类的，对于同样应该在民主建设过程中保持独立地位且发挥监督和知识引导作用的智库，该文并未涉及。

国内关于土耳其智库的研究目前并未有足够多独立成篇的文献，更多的是散见于各研究机构和报刊文章的报道，例如，《新疆日报》曾于2010年9月26日发文《土耳其智库代表团来我区考察》报道土耳其国际战略研究组织（International Strategic Research Organization，USAK）代表团赴新疆考察；土耳其外交部战略研究中心（SAM）曾于2012年访问上海外国语大学中东研究所并有相关报道；《中国经济时报》在2014年12月24日第2版刊发了《深化“一带一路”智库合作》一文，报道了中国国务院发展研究中心联合国家关系和可持续发展中心（CIRSD）、土耳其战略研究中心、土耳其政治经济社会研究基金会（Foundation for Political，Economical and Social Research，SETA）三家国际智库，在土耳其伊斯坦布尔成功主办题为“‘一带一路’：历史启示与时代机遇”的国际研讨会；《对外传播》2016年1月刊也曾发表中国人民大学重阳金融研究院执行院长王文撰写的《在G20现场体会全球智库博弈》一文，王文院长在文中提及自己同智库峰会T20牵头智库土耳其经济政治基金会（TEPAV）就T20闭幕仪式上发布的主席声明进行沟通的情况。由王灵桂主编的《国外智库看一带一路》是国内第一部跟踪关注国外智库在“一带一路”倡议上的研究进展的著作，对国内政界、学界以及其他相关人员制定决策、开展研究均具有重大参考价值。其中收录了土耳其国际战略研究组织在“一带一路”倡议背景下对中国及中国与周边国家外交互动情况的关注，其中，南亚印巴关系、中印、印日、中巴、中国同中亚各国、中国同东盟各国、中国同土耳其、中国在“一带一路”背景下同欧美各国的外交进程等都是该智库关注的重点。

由上可见，中国国内对土耳其的智库了解较少，近年来虽然随着双边关系的发展，智库或者智库工作人员之间的接触增多，但这种接触目前还停留在较为被动的阶段，双方多半是由于其他国际合作活动才接触，双方智库之间既没有达成系统的合作协议，也暂未形成完善的接触和沟通机制。可以说，这也正是中土两国智库对对方情况不甚了解的表现。

那么，土耳其学界对于智库领域的研究处于何种阶段？土耳其学者在智库研究领域取得了哪些进展及成果？基于以上问题，笔者对土耳其学者在智库领域的研究进行了初步的梳理（以下引述材料均来自 google scholar 搜索）：Abdulsamet Günek 的《全球化背景下的新“知识圣殿”——利用全球化网络的基金会和智库》（“Küresel Çağın Yeni‘Bilgi Tapınakları’ Küresel Ağlara Sahip Vakıf ve Think Tanklar”）一文，基于 2011 年及 2014 年全球智库报告，以及美国圣母大学（University of Notre Dame）发布的 2015 年贫困调研（Poverty Studies, 2015）等智库报告的分析，从政治影响力及相关指数指标方面对美国的重要智库如兰德公司、卡内基国际和平基金会、洛克菲勒基金会、城市研究院等进行了政治影响力和调查领域方面的评估。此外，诸如皮尤（Pew）和盖洛普（Gallup）等世界知名民意调研公司也在该文的考察范围内。该文借用福柯等关于权力与知识的关系理论，详细论证了在现代国家中知识承担的有效控制机制，进而凸显了智库作为“知识圣殿”的地位；随后作者进一步通过详细描述兰德公司和卡内基国际和平基金会在美国内政外交方面起的重大作用，论证智库在全球化过程中发挥的积极作用，并进一步指出，在全球化的背景之下，智库的产出、传播及影响力开始跨出一国的国境，全球化语境之下的一个智库市场已经形成。在结论部分，作者认为以欧美为中心的一个全球智库市场已经形成，而美国和欧洲毫无疑问是这个市场的中心。基于福柯的知识权力观，作者认为目前以美国为中心的智库或者知识市场进一步提升了美国的全球主导地位。Hüseyin Özgür 和 Onur Kulaç 的《基于智库的成功案例及排名研究的分析》（“An Analysis of the Studies on Think Tanks Success and Ranking”）一文，首先分析了智库的起源发展及其对公共政策的影响；随后基于智库排名系统，对智库的影响力进行了解读；最后，作者详细分析了宾夕法尼亚大学的全球智库统计报告，并指出，全球智库报告是目前唯一一家覆盖了全球大部分国家，包括发展中国家智库的统计报告，其多评估指标的设定模式使得很多发展中国家甚至不发达国家的智库也能因为被列入统计为世人所了解，对于全球智库市场的发展和平衡都有着积极的促进作用。在结论部分，作者也对该系列统计报告同其他国家的智库统计调研成果进行了比较，强调了智库排名时必要的理论背景及方法论构建。Fatih Keskin的《现代民主中新的政治精英：智库及其在政治中的角色》（“Modern Demokrasilerde Yeni Politik Seçkinler：Think Tanklar ve Politikadaki Rolleri”）一文在简要介绍智库发展历史、剖析美国智库和土耳其智库分类的基础上，利用民主多元化理论和权力精英理论的比较，指出，虽然基于多元化理论框架，智库作为在社会民主化进程中建言献策的独立机构，在充分竞争的情况下能够形成良好的运作机制，发挥连接学界、政界和私有化领域的“知识桥梁”作用，但作者对于多元化理论的前提假设——社会阶层都可以平等进入国家的政治系统——是不认可的。作者基于权力精英理论，认为在已经形成权力精英的美国，智库已经成为权力精英的一个主要组成部分，为权力精英寻求其不同利益诉求间的平衡。在结论部分，作者更是认为之前多元化理论主义者对于智库的美好幻想——独立的思想孵化器，为多元化民主的推进建言献策——其实已经破灭，现在的智库已经成为国家权力精英网络的一部分，负责为权力精英提供政治、经济方面的建议，代表了权力精英的文化资产领域的统治力，应该说，从结论来看，作者对于智库在民主化进程中发挥的作用感到悲观。Bilal Karabulut 的《世界智库和土耳其智库：一项比较研究》（“Dünyada ve Türkiye'de Think Tank Kuruluşları：Karşılaştırmalı Bir Analiz”）一文，基于詹姆斯·麦克甘（James McGann）的“智库指数”（The Think Tank Index），首先从预算、研究领域、影响力三个方面对世界智库进行了大略的梳理；随后，作者以美国智库为例，简要介绍了美国智库的人员组成、资金来源，并指出美国智库的活动更多以美国国家利益为优先目标。此外，作者还指出，活跃在美国智库的人员中有数量不小的犹太裔学者，并认为这部分犹太裔学者也会在一定程度上影响智库的活动方向。之后，作者对土耳其智库的现状进行了大概梳理，并从智库数量、人员组成和资金支持等几方面将土耳其的智库同其他国家的智库进行比较。作者尤其强调，目前土耳其的智库数量不仅远远低于欧美发达国家，即便同发展中国家相比，其数量也是相当少的。另外，在人员组成方面，作者指出，土耳其智库的研究人员构成并不稳定，大部分智库研究人员仅仅是以兼职研究员的身份在智库工作，并且智库研究人员在土耳其仍然不被视为一份稳定的、有规划性的职业。人员的不稳定和职业的不被承认，影响了土耳其智库的产出质量，而没有持续高质量的产出，也使得土耳其智库无论在国内还是在国际上都难以产生有效的知识影响力。在结论部分，作者通过上述比较，指出，土耳其智库在将来的发展中为发挥应有的作用，应从人员入手组成稳定的知识产出团队，并且国家也应认识到智库在构建国家未来中所能发挥的活跃作用，给予智库更多支持。Göktürk Tüysüzoğlu 的文章《智库在土耳其外交政策制定中的角色》（“Türk Dış Politikası’nın İşleyişinde Düşünce Kuruluşlarının Rolü”）首先指出外交政策制定往往是智库最为活跃的领域之一，随后作者以美国和欧洲的智库为例，论证智库在外交政策制定过程中的活跃程度，并指出，独立性是智库能够发挥其作用的最重要特性。之后，作者在简要介绍土耳其智库产生及发展历史背景的基础上，以冷战时期和冷战后时期两个时间段，结合土耳其国家安全观念和政策的转变描述土耳其智库在外交政策制定领域的相关活动，并指出，出于集权化的国家安全观念，政府部门并不愿意同智库分享足够的信息，使得智库缺少评价和分析的素材，同时，土耳其亦缺乏合法合规的可用于智库建设的资金和完善的智库管理法律体系。最后，基于上述两项原因导致智库前期发展不够完善，无法取得政府的信任，政府更多地将独立的智库视为反对政府政策的社会角色，更加剧了政府和智库之间的对立。在文章结论部分，作者认为，目前土耳其智库在前述的发展环境下已经失去了独立评判外交政策和局势并为政府建言献策的功能，更多情况下，智库仅仅是为政府已经出台的政策进行正面解读和背书，虽然通过这一行为，土耳其的智库同政府达成了表面上的和平共处，但作者认为，这种表象背后存在的，依然是政府同智库之间的完全对立，智库在政府的强势压制之下无法发挥其应有的功能，两者间不存在应有的平衡。

Mesut Çevikalp采访土耳其智库中东战略研究中心（Center for Middle Easter Strategic Stutdies，专门研究中东问题的土耳其智库）前主席 Hasan Kanbolat 的文章《国家试图将公民机构看成是政府机构的延伸》（“Devlet Sivil Kendi Uzantısı Gibi Görmek İster”），则从土耳其智库行业从业者的角度揭示了土耳其智库目前面临的来自国家层面的严格管控。Hasan 先生作为土耳其智库行业的先行者（ORSAM 的建立人），在采访中痛陈目前土耳其智库缺乏独立性，机构建设也仿照政府官僚机构缺乏活力，智库所涉及的领域亦不够广泛、涉足专业不够具体精细，不能为政府的国家治理工作提供可操作的专业建议，某些智库以阴谋论为卖点完全扭曲了智库应有的独立精神。最后，Hasan 先生直批政府目前对智库的偏见才是真正影响土耳其智库行业健康发展的最大掣肘，将本应独立提出意见的智库仅仅认作为政府政策进行附议的宣传机构，甚至认为智库的独立性将影响政府的国家治理行为。政治、经济和社会研究基金会（Foundation for Political, Economical and Social Research, SETA）于 2010 年发表的《研究中心的崛起：土耳其的外交和国民安全文化》（“Araştırma Merkezlerinin Yükselişi: Türkiye’de Dış Politika ve Ulusal Güvenlik Kültürü”）一文，综合了三位智库研究学者从 2007 年到 2010 年的实际访问调查资料，从世界各国的国家安全观念的变化出发，结合土耳其面临的内政外交局势，指出，在全球化潮流背景下，安全概念已经不再是一国政府自己的工作，以智库为代表的民间机构将进一步参与到国家安全的建设之中，国家安全应转变为国民安全，安全这一概念本身应同国家的民主建设和外交环境的构建结合起来，构成全球化背景下的综合国民安全体系。报告在结论部分认为，基于这一安全概念的转变，土耳其的智库市场已经形成，智库通过在内政外交、国家安全等领域的意见提供，逐步融入了国民安全形成过程之中。

从上述土耳其学者的研究中，我们可以发现土耳其学者在智库研究领域目前主要集中在以下方面。

第一，基于美国宾夕法尼亚大学的全球智库排行和研究报告，观察和了解目前全球主流智库行业的动态，部分学者也基于比较研究的视角，通过比较全球智库同土耳其智库发展的特点，指出目前土耳其智库发展中存在的不足。

第二，关注智库在国家民主化进程中发挥的作用。美国智库和土耳其智库都被作为考察的对象，从这一角度进行研究的学者多半对智库在国家民主化进程中能够发挥的作用持怀疑的态度。

第三，土耳其政治、经济和社会研究基金会的智库调研报告是目前少数集中考察土耳其国内智库状况的文献，对智库在改变土耳其国民安全文化和制定外交政策方面的积极作用予以肯定。应该说，国家安全或者国民安全在土耳其学者考察土耳其智库的过程中是不可或缺的因素。不同于 SETA，部分学者依然认为目前土耳其的国家安全观念同智库的独立发展相冲突，因而得出了前述第二个结论。

到目前为止，中国国内尚未见到专门介绍伊朗智库的专著。就期刊而言，目前仅有的三篇和伊朗智库相关的论文均出自中国人民大学重阳金融研究院，分别为《透过伊朗高访看中国智库外交》、《官学合作，构建新型智库外交模式——亲历中国伊朗“一带一路”智库对话》和《应多与非西方国家智库交往》。这三篇论文着重分析中伊智库合作的可能性和必要性，并对加强双方的交流与合作提出了一系列设想和建议，但是对伊朗智库并未作具体介绍和分析。这些研究仅处于初步的框架研究阶段，尚不能满足现实需要，因此有必要对它们进行深入广泛的研究。

国外学术界亦如此。学者们多关注欧美的智库，对于中东国家的智库很少涉及。美国宾夕法尼亚大学《2015 年全球智库发展报告》显示，全球共有智库 6846 家，伊朗以拥有 59 家智库列全球智库数量排名第 18 位，而其中只有 1 家智库入选全球最有影响力的智库。在中东北非地区，也仅有 1 家入选。这显然和伊朗在地区的重要性不相符。这两家入选的智库并非伊朗最大、最重要的机构，由此不难推测，一是伊朗的智库信息还不完善，二是主要智库信息不对外开放，涉密性较强。因此，西方公开发表的伊朗智库的研究成果也十分罕见。

伊朗学界在智库研究领域的成果相对而言比较丰富，通过对伊朗主要学术期刊论文网站（www. ensani. ir，www. noormags. ir）和各大智库公开文档的梳理，笔者发现该国智库研究的成果主要集中在以下几个领域。

第一，对思想根源和思想逻辑的研究。伊朗著名智库学者、伊斯兰议会研究中心主任顾问、治国基础研究室负责人赛义德·尤尼斯·阿迪亚尼在 2004 年出版了《思想根源逻辑——思想库理论》一书，从哲学角度分析了思想的逻辑，并详细介绍了思想库的形成、分类、功能、特点、对政策的影响以及发展中面临的阻碍等内容。

第二，基于美国宾夕法尼亚大学的全球智库排行和研究报告，开展对全球其他国家重要智库的研究。伊朗伊斯兰议会研究中心于 2016 年出版了《世界智库》一书，该著作是由议会研究中心下属治国基础研究室的多位研究员合作完成的。它详细地介绍了智库的定义、特点、发展历史、必要性以及政府对智库的期望。该著作对美、俄、日、中、德、英、印度和巴基斯坦等国的重要智库及其对该国外交政策的影响力作了重点分析。这是伊朗迄今为止最正式、最完整的一部介绍智库的著作。

第三，关注伊朗智库的地位及其重要性。这一类研究成果大多以论文、咨询报告和新闻的形式出现在各大智库的期刊和伊朗的报纸上。其中包括伊朗智库学者赛义德·侯赛因·侯赛尼撰写的《智库与安全外交》、2005 年《国防安全季刊》第 8 期上刊登的梅赫迪·阿米利的《智库在外交决策中的地位》、阿斯加尔·阿夫特哈利的《调查研究在决策过程中的必要性》以及 2006 年 9 月马赫穆德·阿斯加利在《国防战略研究》月刊上发表的《智库在国防—安全政策制定中扮演的角色》等。这些文章重点分析了伊朗智库在外交、国防决策中的重要性以及智库影响政府决策的方式等问题。

以上研究成果为本书提供了重要的文献资料，对这些文献的整理帮助笔者理清了思路，同时也找到了本书的切入点和创新点。笔者在阅读思考中明显感受到由于全世界 60% 的智库集中在北美和西欧，这两个地区在世界政治、历史上占有主导地位，对国际政治、经济、社会思潮的影响巨大。从目前格局看，欧美仍居主导地位。我们在智库的定义和影响力研究等问题上，大多采用了欧美国家制定的标准。然而，一国智库的运作模式与该国的国家制度、政治体制有着密不可分的联系，伊朗作为一个有着独特政治制度的地区大国，其智库根植于自身特有的文化土壤和社会关系，智库的成果产出主要是为了服务政府决策。智库的行政级别、智库与决策者之间的亲疏等政治关系直接决定智库对决策的影响力，因此，对伊朗智库的研究和分析不可以完全照搬欧美标准。作为一个中国的研究者，笔者自应尽可能地既重视参考对象国伊朗的资料，也结合西方和本国已有的研究成果，努力进行比较客观的分析，进一步丰富中东智库研究。

第三节　相关理论解读和基本阐释框架

一　相关理论解读

由于智库在最近 20 多年里在全世界范围内的大发展，智库研究也已成为一门重要的跨学科研究的显学，智库研究主要集中在智库发展的历史及智库的分类、组织结构、传播策略、案例分析、影响力以及未来发展趋势等方面。智库研究的理论基础来源涉及政治学、国际关系研究、传播学、社会学、公共管理学等多种学科。

关于智库的定义，智库这一术语本身起源较晚，出现于第二次世界大战期间，最初指的是美国为国防科学家和军事参谋所提供的、一种能让他们在一起讨论战略问题的安全的封闭式的环境。从其来源即可知这是一个来自英语世界的西方式名词，后来其内涵不断扩大，逐渐成为描述美国和世界各国众多进行政策分析的组织。由于世界不同国家的宪法架构、历史境遇、政治文化、法律传统以及政体结构不同，各个国家智库发展的形态也各不相同，不同的智库在规模、机构形式、组织架构、政策范围、研究水准和政治影响力等方面有很大的不同，因而很难对智库给出一个明晰的定义，国内外学术界对智库的定义也存有诸多争议。那些被列为智库的机构的名称也是五花八门、种类繁多，但基本上都被冠以研究所、研究院、中心、基金会、论坛等名。不少学者努力试图对智库下一个能被广泛接受的定义，如，美国学者迪克逊第一个提出了现代意义上的智库概念："智库是一种稳定的、相对独立的政策研究机构，其研究人员运用科学的研究方法对广泛的政策问题进行跨学科的综合性研究，在与政府、企业及公众密切相关的问题上提出咨询意见。"乔治敦大学教授、布鲁金斯学会高级研究员肯特·威佛（Kent Weaver）认为智库就是指"非营利的公共政策研究产业"[①]。美国学者在对智库下定义时，往往首先强调其独立性和非营利性。不过《全球智库指数报告》因其研究智库涉及世界各国，给出的定义则较为宽泛：智库是进行公共政策研究、分析和交流的组织，对国内和国际问题提供政策导向型的研究分析和建议，旨在使决策者和公众就各种公共政策问题做出有根据的决定。智库是附属的或独立的常设机构，而非临时性的特设组织。这些机构经常作为学界与决策圈之间以及国家和公民社会之间的桥梁，发出为一种独立的声音服务于公共利益，把应用和基础研究转化成能被决策者和公众理解的、可靠和可获得的语言或形式。[②]

① Kent Weaver, "The Changing World of Think Tanks," *Political Science and Politics*, 22, 1989, pp. 563 – 578.

② James G. McGann, *2015 Global Go to Think Tank Index Report*, TTCSP Global Go to Think Tank Index Reports, Paper 10, Feb. 2016, http://repository. upenn. edu/think_ tanks/10.

由于各国体制及社会状况不同，智库在不同的国家有着不同的定位，其运作模式、人员招募、学术追求、发挥的作用等也有所不同。宾夕法尼亚大学的《全球智库指数报告》按照智库的附属情况，将智库划分成7种类型：

（1）自治和独立型智库：独立于任何利益集团和捐助者，自主运作，没有政府资助的智库；

（2）准独立型智库：不受政府控制，但受控于向其提供大部分资助并对其运作有重大影响的某个利益集团、捐助者、签有合同的用户的智库；

（3）附属于政府的智库：列入政府正式组成部分的智库；

（4）准政府型智库：由政府专门提供资助和研究合同，但并未被列为政府正式组成部分的智库；

（5）附属于大学的智库：大学里的政策研究机构；

（6）附属于政党的智库：正式附属于某个政党的智库；

（7）企业型（营利性）智库：营利性的公共政策研究机构，隶属于某个企业或单纯以营利为目的进行运作的智库。

威佛则把非营利性智库分为三类：没有学生的大学、承包项目的研究者和游说型智库。

威佛认为智库承担了五种角色：其一，它是政府决策者的政策理念来源；其二，智库是政策议案的评论者；其三，智库是政策方案执行情况的评估者；其四，智库是政府选拔高级官员与专家的人才库；其五，智库是新闻媒体资料引述的权威来源。智库研究专家詹姆斯·麦克甘把美国智库的功能归纳为：帮助政府在应对复杂的国内、国际问题时，做出正确的决策判断；在政府和公众之间起到桥梁的作用，扮演居中调停的角色；在政策辩论中充当独立的、权威的声音；设置、确定政策议题；帮助公众理解政策问题；为政策制定者建立交流观点的平台；为政府储备人才；创新并挑战传统思想。因此，促进政治知识化，将政治本体构建成知识，使知识成为大众可了解之物，“帮助人们跨越政治同知识之间的鸿沟”（Helping to bridge the gap between knowledge and policy）是学者们对智库角色功能的最基本定位。

也有学者认为，在冷战之后的世界新秩序中，国家安全的概念得到了重新建构，而智库对其的研究，也应从国家安全概念和实际延伸范围的变化过程，以及在这一过程中智库同国家安全之间的互动来分析。冷战结束，带来的是单极世界格局的解体和多元化、全球化的世界格局，国际政治进入一种互动建构的进程；由此而来的是，国际关系同国内政治的联系也愈发紧密。国内政治环境的建构者，同时也将影响国际政治体系和国家外交政策，从而使得一国外交政策的制定更呈现出多元化的趋势。而国家安全这一概念，同时涉及一国内政和外交两种政策制定层面，其概念外延不仅包括安全本身，更牵涉国家利益，其现实状况和未来预期既是一国对外政策制定时必须考量的因素又是政策期望实现的目标；因此，在现代国家中，国家安全的考察和维护必然要求调动一国的各类力量参与进来。由于现代国家的国家安全概念外延较过去传统的军事安全和领土安全更大，因此，基于国家安全概念对各类社会现象和国际局势的分析和解释，以及之后的对策建议需求，催生了对专业知识的需求，而这种将知识转化为可实施的政策性建议、满足国家日渐综合的安全政策需求，就是专业智库产生的源头。

总体而言，智库在全球范围内仍在不断地建立和发展，在中国等一些国家甚至出现了加速发展的局面。美国研究者麦克甘认为，智库自 20 世纪以来不断发展的主要原因在于：信息和技术的革新；一国政府对信息垄断的终结；政策问题日益复杂，技术性也不断增强；政府规模日趋庞大；政府及其官员的信任危机；全球化以及国家和非国家行为体的增长；对于“以正确的方式、在正确的时间到达正确的人手中”的及时和简洁的信息和分析的需求。①

本课题所涉及的中东地区各国的智库的数量和种类近些年来一直处于不断增长过程中，以色列、土耳其和伊朗三国都是中东地区智库建设比较发达的国家，但又各具特色，极具多样性，中东各国的智库的定义、分类和影响也不尽相同。

智库研究的焦点自然是智库对政策制定的影响，学者在探讨智库的影响时，经常会涉及政治学领域的众多微观理论，如强调公共政策的产生是利益集团和公共部门互相博弈，公共部门综合各方考虑之后产生的结果的多元主义理论，在这一理论框架下，研究者将智库在思想市场上的竞争作为研究重点，智库在一个开放的思想市场上借助自身的专业研究水平，在资金支持、影响力传播和政府认可方面进行激烈竞争。有学者以政策过程理论为出发点，分析考察

---

① James G. McGann, *Think Tanks and Policy Advice in the US: Academics, Advisors and Advocates*, Routledge, 2007.

智库在政策制定过程中扮演的角色，研究智库作为政策制定过程中的积极参与者如何进入政策过程的各个阶段。专家治国理论则认为，应通过大力支持学者进入政策议程，让其充分发挥自身的专业知识和技能，协助政府部门的管理工作——随着现代化工业时代的到来，社会分工更为细化，政府的管理能力也更为精细、专业，因而，政府会更为注重发挥智库及其专家的作用，在美国等西方国家，还逐渐形成了智库专家和政府官员之间的“旋转门”机制。

二　基本阐释框架

本研究的阐释框架为，借助智库本身的定义及作用，根据新形势下国家利益对于智库的要求，考察以色列、伊朗和土耳其智库的发展脉络，其主要智库的基本情况和特点，考察各国智库在政府外交政策制定过程中发挥的作用。这样一种阐释框架，可以帮助我们超越传统的以国家为主导的安全观，让我们从一种更为多元化的角度去认识智库在国家安全中的角色和作用。

最后，本研究对以色列、土耳其和伊朗三国智库和中国智库之间的合作情况进行梳理，并对其在“一带一路”框架下的合作提出展望。

需要指出的是，本课题所考察的是中东非阿拉伯国家的智库对其对外关系和外交政策的影响，因而主要关注的是各国的外交智库，当然，由于当前一国国内政策与外交政策、低级政治与高级政治之间的联系更趋紧密，本研究也将涉及一些其他领域的智库。

本课题研究主要由三位从事中东地区区域国别研究的作者共同完成，其中，以色列智库部分由杨阳撰写，土耳其智库部分由陈清撰写，伊朗智库部分由王振容撰写。

第二章　以色列智库研究

第一节　以色列智库概况

以色列自1948年建国以来，经过近70年的发展，克服了频繁战争所带来的不利影响，使这个世界上唯一的犹太国家跻身于世界发达国家之列，在中东获得了“迷你超级大国”的称号，然而，它一直是中东地区的一个“异类”，与周边邻国格格不入，而阿以之间的频繁冲突更是经常引发全球关注的目光。犹太民族自古以来就有重视教育、崇尚独立思考的传统，以色列成熟的教育体系为其智库建设提供了充足的人才储备，其西方式的政治体制为智库的发展提供了很好的发展空间，长年的冲突和战乱则使以色列的政治决策层长期处于一种危机状态，为进行政策选择分析的智库提供了大显身手的机会。以色列可以说是中东地区智库最为发达的国家，尽管2015年，其智库总数不及伊朗，排在中东地区第2位，但在中东地区排名前50位的智库中，以色列拥有12家，占了24%。实际上，我们常常忽略这样一个事实：尽管美国有着世界上最多数量的智库，但以人均计算，以色列所拥有的智库数量比美国还要多。[①] 截至2015年底，以色列以拥有58家智库，排名世界第20位。

以色列的智库范围广泛，形态各异，规模不一，研究领域也十分多元，涵盖了国家安全、外交政策、能源问题、反恐研究、战略研究、中东问题、社会经济、宗教问题、全球犹太人事务等，呈现出一种多元而又富有活力的态势。

在以色列的内外政策决策机制中，独立公共政策研究机构与新闻媒体、利

---

① Hannah Elka Meyers, “Does Israel Need Think Tanks?” *The Middle East Quarterly*, Winter 2009, Volume 16, No. 1.

益集团等共同形成了其外围系统，智库是其中重要组成部分。本章将从以色列智库的定义、当代以色列智库的现状和特点、以色列主要智库介绍、以色列智库对外交政策的影响等几个方面展开深入分析。

一　以色列智库的概念界定

一般认为，从事政策研究、以影响政府的政策选择为目标、独立和非营利性等要素应是智库的基本特征。[①] 美国的著名智库如布鲁金斯学会（The Brookings Institution）、对外关系委员会（Council on Foreign Relations）和兰德公司（RAND）等均是符合这些条件的典型智库。

虽然智库一词由于过多使用而使其界限开始模糊，智库的概念也在不断延展，但我们还是可以根据前述传统的智库标准对以色列的情况进行具体分析。首先，以从事政策研究作为主要活动而言，以色列的智库基本都可做到，这使其与并不从事政策研究的利益集团如以色列总工会（Histadrut）和以色列民权协会（ACRI）等区别开来。另外值得注意的是，在以色列，仍有一些隶属于官方的从事政策研究的机构，且有些官方研究机构具有相当强的研究实力，特别是军事情报系统的一些研究机构，例如摩萨德（Mossad）研究处、军事情报部（MID）研究处等；其他相关政府部门也有一些研究机构，如外交部的研究处等。[②] 虽然《全球智库指数报告》中专门列出了两类附属于政府的智库和准政府型智库，但本书并不把这些从事相关政策研究的官方机构列为考察对象。

其次，从影响政府的政策选择看，这是智库类研究机构区别于大学研究机构的重要标志。一般而言，大学的多数研究机构以纯学术研究或基础研究为主，其研究人员多为高校教师，负有本科或研究生教学的任务，同时也从事学术研究工作。以色列有不少著名的政策研究机构往往与著名的大学有着密切的关系，且坐落于大学校园中，如巴伊兰大学的贝京—萨达特战略研究中心（BESA），特拉维夫大学的摩西·达扬中东和非洲研究中心，位于希伯来大学吉瓦特拉姆（Givat Ram）校区的犹太民族政策规划研究所（JPPI）等。这些校园内的智库显然与一般的纯学术研究机构有所区别，其出版的研究报告和专著等以影响政府的政策选择为目标，这是以色列智库的一个重要组成部分。

① 中国现代国际关系研究所编《美国思想库及其对华倾向》，时事出版社，2003，第 4 页。

② 陈广猛：《以色列智库对外交政策的影响》，《西亚非洲》2016 年第 4 期，第 148 页。

再次，从独立性方面来看，情况较为复杂，具体又可以从两个层面分析。一是，从资金上来说，以色列的政策研究机构很少依靠政府拨款来运作，这将有助于维持其独立性。由于犹太人素有慈善传统，乐于捐赠成立基金会，而这些基金会往往成为智库获得资金的重要来源。值得注意的是，大多数以色列智库的资金实际并非来源于国内，而更多的是来自海外犹太人团体和基金会，其中尤以实力强大的美国犹太人社团与基金会为最。① 二是，从思想的独立性来说，由于以色列相对完善的民主制度，作为决策机制外围重要力量的以色列智库研究人员在研究过程中基本能保持一种客观性，且经常对政府政策提出批评。

最后，从有组织的层面来说，智库不是单一的个人。以色列有大量的外交决策顾问人员。除了官方的政策咨询机构之外，以色列也有一些独立或非独立的政策咨询人士通过他们的专业研究和给政府的建议来参与决策过程。如以色列总理有很多政策顾问，包括办公室主任、外事顾问、外交顾问、经济顾问、法律顾问和军事秘书等，他们更多地像助手，负责处理总理所面临的国家日常问题，但通常缺乏进行系统政策制定和协调的能力。一般而言，总理在求助“国家安全委员会”（NSC）之前，会选择依靠他的顾问和助手，而在 1999 年以色列“国家安全委员会”成立之后，以色列几任总理如巴拉克、沙龙和奥尔默特仍选择依靠他们传统的顾问。不过这种私人性质的咨询活动不能算作智库的行为。

也有学者把以色列的智库分为四种类型：一是隶属于大学的以外交政策和国家安全为主要研究议题的学术型智库；二是隶属于公共部门如政府部门、议会等的智库；三是隶属于政党的智库；四是私营的、独立的智库。②

综上，我们可以得出以色列智库是指以政策研究为基础、以为政府提供政策咨询和建议为主要目标、在资金和思想上基本独立的、非营利的组织。这一定义，比英美传统智库的定义在范围上更为宽泛、更符合以色列的具体国情。③ 由于本书主要讨论的是智库对以色列外交政策的影响，我们考察的对象

① Sarit Bensimhon-Peleg, *Jewish Philanthropy and the Israeli Third Sector: The Case of Israeli Think Tanks*, Tel-Aviv: The Harold Hartog School of Government and Policy, 2008, p. 24.

② Heba Gamal El Din, “The Role of Think Tanks in Influencing Policy-Making in Israel,” *Contemporary Arab Affairs*, 9: 2, 2016, pp. 187 – 211.

③ 陈广猛：《以色列智库对外交政策的影响》，《西亚非洲》2016 年第 4 期，第 149 ~ 150 页。

以以色列外交智库为主，鉴于外交政策与国内政策的相关性日趋紧密，因此也涵盖了部分其他类型的智库。

按照一位以色列智库学者的观点，以色列智库获得顺利发展有三个主要因素：一是以色列西方式的政治文化，二是以色列人熟知美国政治生活，三是有相当多的以色列人在美国生活或学习过，而很多以色列智库的创建人都曾在美国接受教育或生活过。[①] 此外，以色列的政治气候和政府结构为进行社会和政治问题的独立政策分析提供了必要的先决条件，以色列人拥有批评政府政策的自由是以色列不同于其他中东国家的一个重要特征。

二　以色列的主要智库

1. 国家安全研究所

国家安全研究所（The Institute for National Security Studies，INSS，网址：http://www.inss.org.il）是一家独立的学术机构，其研究领域为以色列的国家安全和中东事务。其研究人员的背景涵盖了学术、军方、政府和公共政策等领域。研究所成立于2006年10月，其前身则是特拉维夫大学的加菲战略研究中心（Jaffe Center for Strategic Studies，JCSS）。重组为国家安全研究所之后，研究所仍与特拉维夫大学保持紧密的学术联系，但在财政和组织上则保持独立。中心将自己的研究定位为战略型、创新型的政策导向型研究。

国家安全研究所的前身是特拉维夫大学1977年创建的战略研究中心。由于以色列国防系统在1973年的第四次中东战争中出现了重大的情报分析失误，战局一度吃紧，以国内反思的呼声不断，研究中心正是在这样的背景下成立的。该中心宣称其宗旨是从事以色列、中东地区及国际安全事务研究，服务于以色列政府首要议事日程——国家安全战略。1983年，为感谢美国慈善家加菲夫妇的捐赠，中心被命名为加菲战略研究中心。

中心从一开始就与以政府及军事情报部门有着千丝万缕的联系，退休陆军少将阿哈龙·亚里夫（Aharon Yariv）从1977年至1994年去世，担任了17年的中心主任。他曾担任政府部长、议会议员和军事情报部门的负责人。2005～2008年担任中心主任的茨维·施陶布（Zvi Shtauber），在以国防军服役25年，

---

① Hannah Elka Meyers, "Does Israel Need Think Tanks?" *The Middle East Quarterly*, Winter 2009, Vol. 16, No. 1.

退役时为陆军准将，曾任国防军战略规划部主任，退役后任本－古里安大学副校长和前总理巴拉克的外交政策顾问，2001～2004年任驻英国大使，并曾作为以色列代表团的成员参与了以叙谢泼兹顿会谈和以巴戴维营和谈。2011年起担任中心主任的阿摩司·亚德林（Amos Yadlin）也是一位退役将军，曾担任以色列军事情报部门的负责人。中心的50余位研究人员中，不少都具有军方和政府背景，多位退役将军，既有在右翼利库德政府中担任过副外长，也有担任过左翼工党总理副国家安全助理的人士，不少都曾直接参与阿以和谈进程。

研究所的成果除了大量的学术专著、期刊论文之外，还有更多的研究报告、政策备忘录等，供政府和军情部门决策参考。由于研究所与政府及军方的密切联系，这些成果都能顺畅地呈递给决策层。

研究所的一个拳头产品是其从1983年起发表的《中东军事平衡》年度报告，2002年起更名为《中东战略平衡》报告，2009年起又改名为《以色列战略评估》年度报告。该报告被认为是有关中东地区战略发展和军力变化的最具权威性的和不可替代的指南，报告列举了中东各国军事实力的最新数据和分析，包括国防预算、武器采办、设施维护、军力部署、大规模杀伤性武器清单、国外援助等，每年报告发表时都会引起政府和媒体的密切关注，并被广泛引用，成为评估中东军事力量分配的必读材料。研究所还编辑出版了两本期刊，分别是《战略评估》季刊和一年出版3期的《军事与战略事务》，两份电子出版物是对国别和区域动态及时做出回应的《INSS洞察》和一份双周刊《新媒体下的中东》。

巴以和平进程是以色列政府决策层最为关注的焦点，自然也是各智库研究的重点。研究所的不少资深研究人员直接参与过与阿方的谈判，具有丰富的实践经验。该智库与决策层的互动极为频繁，并直接承接了政府的研究课题，如一个研究小组曾承担了巴以最终地位问题的研究项目，分为7个专题，就巴勒斯坦难民、犹太定居点和边界、安全保障、耶路撒冷问题等巴以和谈中的关键问题提出对策建议，受到决策层的高度重视。大量的政策研究备忘录也都有很强的针对性，服务于决策层的需求。

研究所每年都会组织规模不一的研讨会，由于其在以色列学术圈的影响力，除了知名学者，每次都会有政府或军方的高层人士出席，如2005年11

月，中心与美国的布鲁金斯学会联合举办“应对21世纪的挑战”论坛，时任以色列总统卡察夫、总理沙龙都亲自到会。军事情报部门的负责人更是经常出席研究所的研讨会。

研究所由一个国际董事会和一个以色列董事会负责管理。国际董事会成员由特拉维夫大学美国之友协会推荐，以色列前外交部部长阿巴·埃班（Abba Eban）曾担任国际董事会的首任主席。以色列董事会成员由国际董事会推荐任命，其半数成员来自国际董事会成员，另外半数都是以色列知名人士。以色列董事会每年召集一次年会。

研究所主任一职由以色列董事会推荐任命。由与中心工作相关领域的专家组成跨学科的学术顾问委员会协助中心主任确定和实施研究项目。另设一编辑委员会监督中心的出版工作。国际董事会只具有咨询功能，以色列董事会除具有咨询功能，中心的大政方针、年度规划和预算也需经其批准。

研究所的预算主要来自美国犹太社团向特拉维夫大学美国之友协会捐赠的一笔基金每年的利息收入，此外还有针对特定研究项目的资助与捐赠。研究所尽力确保自身的财政独立性，以保证其研究及其他活动的公正与客观。

研究所对战略事务的研究包含多种视角：政治、经济、军事、心理学、社会文化等。研究重点放在与以色列国家安全相关的领域。研究所维持着一支多学科的战略研究专家队伍，根据研究项目需要，还从以色列国内外其他研究机构聘请兼职专家。目前的研究项目包括：“军控与地区安全”、“网络安全”、“法律与国家安全”、“恐怖主义与低烈度冲突”、“以色列社会与公共舆论”、“经济与国家安全”、“技术预测和政策影响”及“叙利亚局势”等。

研究所的研究成果以多种形式发表，如专著、期刊论文、研究报告、中心年报、备忘录等，英语和希伯来语皆有。研究所研究人员的学术专著通常都由主要的大学出版社和商业出版机构出版，发表在学术期刊的论文不计其数。研究人员在《国土报》、《耶路撒冷邮报》、《纽约时报》、《今日美国报》、《基督教科学箴言报》、英国《卫报》等国内外主流报刊上发表时事评论，并接受路透社、美联社、CBS、ABC及以色列国内媒体的采访。研究所学者近期出版的著作有：《“伊斯兰国”是如何维持的》、《冲突时代的谈判》、《国际人道主义法下的跨国非对称性武装冲突》和《第二次黎巴嫩战争：战略评估》等。

研究所的信息中心和图书馆收藏有中心建立以来的所有研究成果，按学科分类，有政治学、国际关系、中东研究、军事技术、地理学、法学、政治经济学、安全研究和社会学等。中心收藏有20世纪70年代至今的各类报刊资料，并建有数据库。信息中心除为研究中心专家服务外，对所有学生、国内外研究者、以色列国防军官兵和国内外记者均完全开放。

2006年起，研究所设立了策齐克以色列安全研究奖，每年颁发一次，起初奖金为1万美元，奖励关于以色列安全事务的杰出研究成果。

在《全球智库指数报告中》，国家安全研究所在中东地区智库中排第4名，是以色列排名最高的智库，在全球国防和国家安全智库顶级智库中排名第42位，在全球外交政策和国际事务智库中排名第76位。

2. 巴伊兰大学贝京—萨达特（简称贝萨）战略研究中心

贝京—萨达特战略研究中心（The Begin-Sadat（BESA）Center for Strategic Studies，网址：https://besacenter.org/）隶属于巴伊兰大学政治学系，中心成立于1993年，正值中东和平进程启动之际。中心的创建者是加拿大犹太社团的杰出领袖托马斯·赫特（Thomas Hecht），赫特是以色列前总理贝京30多年的亲密朋友。为纪念签署阿以之间第一份和平协议的贝京与埃及前总统萨达特，他以这两位获得诺贝尔和平奖的领导人的名字为研究中心命名。

贝萨战略研究中心主要从事有关战略、安全和中东和平问题的政策导向性研究。其研究成果与政策建议直接面向一系列受众，包括以色列军事和政府的最高决策层、国防与外交部门、各国外交官、新闻媒体、学术圈以及世界各地的犹太社团领袖。

中心拥有20多名高级研究人员，包括了一些以色列最受尊敬的战略思想家、学者以及退休将军和外交官员。中心每年召开大量的国内外学术会议，据不完全统计，1993年以来，中心举办了规模不等的各类学术会议500多次，以中心名义发表的学术论文250余篇、著作25本。中心学者曾在30多个国家的学术会议上发言，接受过世界各国160多家媒体的数千次采访，一些学者还是以色列《耶路撒冷邮报》的专栏作者，从中也可看出该中心政治上偏右的倾向。中心也接受以色列政府和其他机构的合同研究项目。中心的学术顾问委员会由一些最知名的国际问题专家组成。2009年6月，以色列总理内塔尼亚胡选择在贝萨战略研究中心发表了其重要的外交政策讲话，指出以色列只能接受一个没有武装的巴勒斯坦国。

中心的研究领域包括：以色列的战略思考，威慑与地区安全，和平进程中的战略选择，巴勒斯坦自治当局的内外政策，以色列国家安全问题的民意，美以关系，恐怖主义与低烈度暴力，以色列—土耳其战略关系，东地中海安全，中东水资源，大规模杀伤性武器扩散，中东军控，军事工业，以色列国防军的未来，亚洲—以色列关系等。

2016 年刚刚离职的中心主任埃夫拉姆·因巴尔（Efraim Inbar）教授是国际知名的中东战略学者，曾在美国霍普金斯大学、乔治敦大学及伦敦国际战略研究所等机构任访问学者，并应邀在美国兰德公司、哈佛大学、耶鲁大学、麻省理工学院、哥伦比亚大学和英国牛津大学等学术机构讲课。其研究重点是以色列的国家安全战略和政策，著有多本相关专著。

现任主任是艾弗拉姆·卡什（Efraim Karsh）教授，毕业于特拉维夫大学，曾在以色列国防军担任过 7 年的情报官员，并曾在哈佛大学、哥伦比亚大学和伦敦国王学院等任职。

中心主办的学术活动极为频繁，除了大量的国际学术会议，还经常邀请以色列国内外政界与学术界的知名人士举行讲座等。举办的国际学术会议议题有："大选后的美国与中东"、"以色列的战略议程"、"欧洲与中东"、"激进伊斯兰：挑战与回应"、"印度—以色列战略对话"、"新时代的美以关系"、"中东地区的少数民族"和"东地中海的战略挑战"等。前来举办讲座的有美国、英国、法国和土耳其等国的学者，法国和捷克等国驻以色列大使等。上海社科院犹太研究中心主任潘光教授 2016 年 12 月也曾应邀在中心做了关于"2011 年以来中国在不断变化的中东的角色"的讲座。

研究中心通过伦敦的泰勒与弗朗西斯出版社发行数份政策研究报告，并在中心网站上发布，包括《透视论文》、《中东安全与政策研究》、《战略与外交研讨报告》和《政策备忘录》等。截至 2017 年 2 月，《透视论文》已发表至第 414 期，近期的关注焦点是特朗普上台后的美国中东政策和对以色列的政策；截至 2017 年 1 月，《中东安全与政策研究》已出版 127 期，近期主要内容有：《朝鲜与中东》、《利比亚的悲剧及其含义：优柔寡断的报应》和《美国撤离中东的影响》等。《战略与外交研讨报告》则是中心举办的研讨会综述或论文集，自 2014 年起没有更新。《政策备忘录》则是政策导向型的研究成果。以中心名义出版的著作有《21 世纪的美国外交政策及其国际地位》、《阿拉伯之春：民主与安全》、《世界冲突中的宗教》、《民主与小规模战争》、《反思1991年的海湾战争》、《中东武装力量：政治与战略》、《美国在变化中的世界中的盟友》、《民主社会及其武装力量：以色列及其比较研究》、《政治与国防工业经济》、《变化中的世界中小国的国家安全》、《大中东地区的宗教激进主义》、《中东安全：军控机制的视角》等。贝萨战略研究中心的研究成果受到以色列国内外广泛的关注，由于其在中东问题上持较为强硬的立场，往往更受以色列右翼党派的青睐。在利库德集团当政时，对决策层有较大影响。

贝京—萨达特战略研究中心2015年排名中东智库第8名。

3. 以色列民主研究所

以色列民主研究所（The Israel Democracy Institute，IDI，网址：http://www.idi.org.il）成立于1991年，是一家独立运作、非党派和非营利的智库。研究所的骨干力量由一批以色列知名的思想界人士组成。该所成为以色列政治变化中一个重要的非政府媒介，推动了以色列由形式民主向实质民主的转变。

研究所认为，尽管以色列已取得了令人瞩目的成就，但依然是一个处于敌对环境中的年轻国家，以色列继续生存与繁荣的能力最终将取决于其政治体制的合理性和以色列社会的团结。研究所的使命是巩固以色列作为犹太民族家园的道德、规范、体制和功能性基础，同时承认阿拉伯和其他少数族裔也是以色列社会的重要组成，在倡导多样性的同时培育整个社会的团结一致。通过对于犹太传统和人类共同遗产的吸收，研究所致力于产生设想、推进价值和塑造规范，确保以色列的未来形成一个生机勃勃、参与度高的民主社会。研究所不仅将自身定位为智库，同时谋求成为一个“行动库”（Do Tank），在以下三个主要领域的活动形成了所谓的“IDI进程”：

研究：作为解决问题方法的发生器，研究所从事对于以色列的生存和繁荣至关重要的高质量政策性研究；

讨论：作为思想的桥梁，研究所致力于激励对于问题的讨论，在以色列社会当今所面临的各种分歧中培育最广泛的共识；

改革：作为变革的催化剂，研究所描绘了建立在研究基础上的改革蓝图，并辅以具体可操作的实施战略。

2009年2月，以色列民主研究所在美国马里兰州的怀伊河举行了研究所国际顾问委员会的成立大会，时任以色列驻联合国大使沙莱夫出席会议并发言。国际顾问委员会主席由美国前国务卿舒尔茨担任，成员包括世界银行前行长沃尔芬森、美国国会参议员利伯曼、法国前司法部长以及美国、加拿大和以色列最高法院的法官和学术界的知名学者等。

其创建者埃耶·卡蒙（Arye Carmon）博士曾长期担任研究所所长，目前担任所长的是前进党前国会议员约哈南·普莱斯纳（Yohanan Plesner）。研究所下设民主价值与机制中心，治理与经济中心，宗教、民族与国家中心和古特曼公共舆论与政策研究中心。研究所成员包括10余名高级研究人员、10余名项目负责人和项目顾问、40余名研究人员以及数十名出版编辑、网站和行政工作人员。

研究所将研究人员的研究报告和项目成果以系列出版物的形式发表出版，研究所曾有4种系列出版物，分别是：

民主图书馆系列，以希伯来语发表后再译成英语，是关于以色列社会和政治热门话题的精选出版物。

军队与社会论坛系列，该系列将军方与民间社会有影响的杰出人物齐聚一堂，就军队和民间的一系列问题展开深入讨论，讨论内容结集发表。尽管在以色列这两个群体是密切相连的，但双方的领导者很少有机会在一起进行对话和讨论，论坛为这两个群体的交流提供了便利，每次论坛聚焦于一个主题。这一系列的出版物有：《战争时的以色列国防军与新闻界》、《战争中的道德、伦理和法律》、《以色列国防军中的女性》、《以色列国防力量与以色列国民经济》等。

政策报告系列，研究所学者将应用型研究项目的成果以政策报告的形式予以发表，供以色列决策者参考。这一系列的出版物有：《以色列的宗教和世俗犹太人：一场文化战争?》、《国家、法律和宗教律法》（三册）、《撤出西岸和加沙地带定居点的政治和社会影响》等。

古特曼中心出版系列，2003年起，研究所下属的古特曼公共舆论与政策研究研究中心每年对以色列的民主进行审议和评估，根据客观参数和民意调查的结果进行量化分析，并每年出版《以色列民主指数》，在每年的总统会议上呈送给总统。

近年来，出版的报告还有《以色列的阿犹关系指数》、《以色列极端正统派社会调查报告》等，其电子版均可在民主研究所网站下载。

以色列民主研究所还有一项重要的教育功能，即把在以色列社会，尤其是青少年中传播民主理念作为己任。民主研究所认为，健康的民主制度需要公民对公共领域的积极参与，以色列正面临着政治参与的危机，年轻人对政治表现出不信任和无兴趣。为改变这一状况，民主研究所开展了一系列教育项目，如“通过教育获得政治意识”项目，旨在将政治积极性重新引入学校体系，改进课程、教科书和课堂材料，帮助学校负责人和教师促进学生的政治意识，从长远来说，在教育部的支持下，在全以色列的学校体系中建立起全面的政治意识教育。另一个“学校教育项目”更注重实践性，在教育部的协助下，项目组成员组织了多次教师研讨班、到以色列各地的学校举办飞行课程，对学生进行公民教育，在7年多的时间里，民主研究所的成员担负起以色列200多所中学的公民及民主教育课程。

研究所经常举办各种讨论会，讨论以色列社会面临的紧迫问题。这类研讨会除了前已提及的军队与社会论坛以外，还包括：

凯撒利亚经济论坛，是以色列最重要的经济会议之一，以色列的财政部长主持每年的论坛，论坛的总结发言传统上一直是保留给总理的。论坛召开前半年，专家小组开始就当年的论坛主题进行研究，他们会在论坛上发表自己的研究报告和政策建议，影响以色列经济政策的制定。

总理会议，每年由总理办公室和民主研究所共同主办，讨论以色列面临的急迫问题。如2008年的总理会议讨论的是以色列的阿拉伯人问题，主要就教育、地方政府政策和经济发展问题展开讨论，并提出对策建议。

乔治·舒尔茨圆桌论坛，定期举行会议，就对以色列民主制度的稳定性具有重要影响和公共议程中最紧要的问题进行公开讨论，参加这一论坛的包括学术界、政界、商界和新闻界的头面人物，举行这类讨论会的要求通常来自以色列议会专门委员会的主席以及议会议员等。圆桌论坛的主题有：“加沙单边撤离之后的生活”、“贫困的文化与社会层面”、“预算改革”、“以色列选举体系中的地方主义”、“以色列是否需要一所新上诉法院”、“市民社会及其组织”、“最高法院对言论自由的裁决”、“危机时期的经济政策”等。

以色列民主研究所2015年排名中东智库第14位。

4. 哈里·杜鲁门促进和平研究所

杜鲁门促进和平研究所（The Harry S. Truman Research Institute for The Advancement of Peace，网址：http://truman.huji.ac.il）位于耶路撒冷希伯来大学

校园内，是以色列第一家也是最大的一家探索冲突解决并提出地区和平解决方案的研究所。杜鲁门研究所通过支持研究、会议和研修班等活动，资助当地和客座研究人员奖学金，推动促进和平问题的研究和实践活动。

研究所的主要活动包括：

与中东相关的研究，重点是巴以关系的研究；

推动和平、合作和地区福利；

鼓励阿拉伯学者和以色列学者的合作研究项目。

研究所设立的阿巴·埃班中心邀请各国驻以色列的大使、政治家、议员和知名学者等前来讲座并与公众会面。中心档案馆收藏有以色列前外长阿巴·埃班档案。

研究所设立了杜鲁门和平奖，美国前国务卿舒尔茨、鲍威尔、前中东特使丹尼斯·罗斯、参议员米切尔等人获得过该奖项。

研究所与位于拉姆安拉的巴勒斯坦政策与调查中心（Palestinian Center for Policy and Survey Research，PSR）从2000年起联合发起了一项以巴联合民意测验（The Joint Israeli Palestinian Poll，JIPP），调查以巴双方民众对于冲突与和平的态度，供决策者参考。这一联合民意调查从2000年一直延续到了2014年。

杜鲁门研究所学者近年来出版的书籍有：《生活在两个世界：背井离乡的痛苦》、《ISIS的国际化——伊拉克和叙利亚的“伊斯兰国”》、《和平的机会——阿以冲突中错失的机遇》、《走向所有以色列人和巴勒斯坦人的双民族故乡》等。

杜鲁门研究所在2015年中东智库中排名第17位。

5. 摩西·达扬中东和非洲研究中心

摩西·达扬中东和非洲研究中心（The Moshe Dayan Center for Middle Eastern and African Studies，网址：http://www.dayan.org/）是一个以中东现代史和现状研究为主的跨学科研究中心，中心致力于使以色列国内外的学者与公众更深入地了解中东的历史与现状。中心隶属于特拉维夫大学莱斯特和萨丽·恩丁人文学院历史学系。

中心的前身是以色列东方学会于1959年建立的鲁文·希洛阿研究所（Reuven Shiloah Institute），1965年希洛阿研究所被并入特拉维夫大学，1983年特拉维夫大学将希洛阿研究所与其他中东研究的相关机构合并，成立了以已故以色列著名政治家摩西·达扬名字命名的研究中心。

摩西·达扬中心由以色列董事会管理，并接受一个国际监督委员会的建议。其日常运作由一位从事学术研究的中心主任负责，中心现任主任是乌齐·拉比（Uzi Rabi）教授。中心的资金来源主要是大学经费、捐助基金、研究拨款和其他各类捐款。

摩西·达扬中心在以色列研究中东问题的同类机构中历史最为悠久，规模也最大。多年来，中心在学术研究、学术出版物、学术会议、档案收集、公众服务等方面确立了其在中东研究领域的重要地位。中心力求在分析研究易引起情感冲动的敏感的中东问题研究课题时保持其学术客观性，向学术界、决策层、新闻媒体和公众阐明中东问题的复杂性，通过理解以推动和平的发展。

摩西·达扬中心的研究主要集中于阿拉伯世界（包括北非）、土耳其和伊朗，重点是其现代历史和现状研究。中心多数研究人员都受过历史学的训练，具有严格的档案文本研究能力，并掌握阿拉伯语、土耳其语和波斯语。中心也吸收了许多其他相关学科的研究人员，研究者可以在学科框架内自由选择任何学术研究方法和途径。

中心在伊斯兰政治研究方面具有开创性，在尚未引起学界足够注意的时候，就已经开始进行关于伊斯兰运动的研究，并最早召开了关于伊斯兰教及什叶派政治角色的学术研讨会。

中心认为，理解当代中东问题的错综复杂性，有多个领域的研究是至关重要的。这些研究项目通过组织研究小组、课题组、研讨会及国际会议等方式，加强了中心研究人员与特拉维夫大学其他系、学科以及以色列国内外学者之间的互动。目前，中心的主要研究项目涉及伊斯兰政治、经济与人口、中东政治中的妇女、波斯湾、马格里布等。

阿以关系也是中心的一个重要研究领域，中心的大部分成员在这一领域都具有某一方面的研究专长。中心的其他传统研究优势还有巴勒斯坦问题和以色列的阿拉伯少数民族研究。

中心还经常举办各类国内、国际学术会议和讲座，使以色列和国外的杰出学者有机会进行深入交流。中心主办的国际会议的主要议题有：东亚和中东的民主、发展与安全，历史视角下的土耳其—以色列关系，中东君主制，变化中的伊斯兰运动阵线，以色列阿拉伯人的政治认同，叙利亚的国内政治与和平等。中心还资助设立各类讲座，邀请著名的外国学者和政府决策人士前来讲学。

苏莱曼·德米雷尔（Süleyman Demirel）项目。该项目旨在推动对于当代土耳其的研究，促进以土两国的学术交流。1999 年，中心发起了苏莱曼·德米雷尔当代土耳其研究项目，由中心与土耳其高等教育委员会合作实施，由土方提供持久资助。根据计划，德米雷尔项目资助举办了研讨会、研修班和客座讲座，为以色列学生赴土耳其学习提供奖学金，并为特拉维夫大学的当代土耳其研究提供了众多的图书资料。

康拉德·阿登纳（Konrad Adenauer）项目。1995 年，摩西·达扬中心建立了关于以色列阿拉伯人研究的一个主要项目——以色列的阿拉伯人政治研究项目。该项目的共同发起者是康拉德·阿登纳基金会，因而也被称为阿登纳项目。该项目资助举办相关的学术研讨会，成立研究小组，出版相关的学术著作。该项目主要研究以色列的阿拉伯人政治体系，包括阿拉伯选民的政治行为、选举模式、议会和市政选举的结果、政党意识形态、政治组织及其领导层的变化等。2000 年，该项目设立了档案资料库，收集了大量关于以色列阿拉伯人的资料，并建立了超过 4 万页资料的电脑数据库，并且还在不断积累之中。学生、研究人员和政府机构经常查阅其数据库。

库尔德研究项目。中心于 2010 年设立了库尔德研究项目，由奥弗拉·本吉奥（Ofra Bengio）教授负责，该项目设置了“库尔德社会、历史和文化论坛”，邀请学者进行讲座，开设了库尔德语和库尔德历史课程，每年举办有关库尔德研究的学术会议，设立一个库尔德研究图书资料室。

摩西·达扬中心与约旦安曼以色列研究中心合作项目。这一项目为以色列和约旦两国的学者和学生提供了交流的平台，通过信息和思想的交流以及语言的训练在双方之间架起文化的桥梁，了解一个真实的“他者”，减少对对方的妖魔化倾向。

中心设立的中东论坛为关注中东问题的学术界、政界、商界和外交界的杰出人士提供了交流场所，论坛参加者由中心邀请，大约每个月举行一次午餐会，就某一论题听取发言，进行讨论。发言者包括政府部长、以色列和外国高级外交官、来访贵宾等，讨论气氛坦率而公开。

中心大部分成员都在特拉维夫大学校内承担关于中东课程的教学任务，同时也在校外讲学，在媒体露面，并成为以色列政府官员和特拉维夫外交圈的信息来源，部分中心成员还曾作为大使出使国外。

中心与国外众多研究机构建立和保持着合作关系。中心与多家外国著名研究机构共同举办了国际学术研讨会，既有在以色列举行的，也有在国外举行的。如与纽约的外交政策委员会、安卡拉的土耳其外交政策研究所、伦敦的皇家国际问题研究所等都曾联合举办过研讨会。近年来，中心积极推动与中国和东南亚国家的学术交流，目前已与上海外国语大学中东研究所建立起定期学术交流关系，与韩国峨山政策研究中心联合举办研讨会。

中心承办了每年夏季举办的“特拉维夫大学以色列和中东问题”研讨班，邀请来自世界各国的学者参加这一为期 12 天的学术研讨和旅行项目。研讨班的主题是关于阿以冲突的历史以及与以色列、巴勒斯坦和中东有关的其他当代问题，中心聘请来自以色列和巴勒斯坦各研究机构的知名学者进行讲座并进行研讨。自 2005 年举办这一项目以来，已有 140 多位来自世界各地的学者参加了该研讨班。

中心通过捐助资金，设立了驻美国“学术大使”这一职位，每年派遣一名中心高级研究人员赴美国一家接收机构进行教学和研究，目前的接收机构是埃莫里大学（Emory University）。

中心与华盛顿近东政策研究所有着长期的学术联系，中心很多研究人员曾在该所进行访问研究，并以该所访问学者的名义出版了大量学术成果。

中心与土耳其安卡拉的中东技术大学（Middle East Technical University）经济与行政科学系建立了密切的学术联系，中心向该校派遣研究人员，承担教学，开办讲座，并共同举办研讨会。

此外，中心研究人员经常参与世界各地的学术会议和美国、欧洲的特拉维夫大学之友会举办各类活动。通过欧洲—地中海合作框架，中心还与欧洲国家建立了合作机制。

中心设有各类奖学金和研修生项目，招收海外学生来以色列进修，并选派以色列学者去海外从事研究。如阿米拉·马加利特（Amira Margalith）暑期研修生项目，挑选来自欧洲和北美的研究生到中心进行 3 个月以上的进修，每周需有不少于 20 个小时的工作时间，中心为每个研修生提供 3000 美元的资助。西北大学/特拉维夫博士后项目也由中心负责选派，该项目将从以色列各大学近年毕业的从事中东研究的博士中选派赴美国伊利诺伊州西北大学进行为期2年的博士后研究。

中心还设立了名为“纳迪影院”（Nadi Cinema）的中东电影俱乐部，俱乐部每个月播放一部与中东有关的电影，并由一位中东研究专家组织讨论，播放的影片来自摩洛哥、埃及、土耳其、伊朗等国。

中心出版物众多。为加快学术专著的出版，中心与多家大学和商业出版社保持着合作关系，中心与哥伦比亚大学出版社、康奈尔大学出版社、哈佛大学出版社、牛津大学出版社、锡拉丘兹大学出版社及多家知名商业出版机构合作出版了许多英语学术著作，与以色列著名的基布兹团结出版社也合作出版了一系列希伯来语中东研究专著。锡拉丘兹大学出版社的“达扬中心论丛”系列丛书出版了一系列由中心成员及客座研究人员编写的专题论著和论文集。中心每年不定期出版的《数据与分析》，发表一些篇幅较简短的研究论文。中心每两年出版的《中东讲稿》主要发表来访学者所做讲座的内容。中心成员不定期在中心网站的“评论”栏目中发表关于中东最新局势的时事短评。

中心编辑出版的一系列刊物（含电子刊物）有：《巴扬：以色列的阿拉伯人》，这是阿登纳项目支持的反映犹阿关系的季刊；《蜂巢：中东社交网络》，这是反映中东地区社交媒体最新趋势的月刊；《布斯坦：中东书评》，每年出版两期的书评杂志；《阿非利加：非洲研究与分析》，每月交替以希伯来语和英语出版；《伊克提哈迪：中东经济》，以希伯来语和英语同时出版；《特拉维夫笔记：当代中东分析》，每月出版两期分析中东地区发展的最新动态；《土耳其审视：洞悉土耳其》，每月出版，对当代土耳其事务进行评析；《中东十字路口》，中心最新出版的分析中东事务的希伯来语电子月刊。

2016年，中心学者出版的主要著作有：《现代中东的兴起》、《搜寻现代巴勒斯坦民族》、《回到未来：阿拉伯之春阴影下的中东》、《运用脸书探寻集体记忆：纳赛尔脸书页面在埃及出现》、《从阿斯旺到文艺复兴——尼罗河、埃及和埃塞俄比亚》、《变化中中东的部落与国家》等。

为了支持研究工作，中心收藏了极为丰富的文献档案资料，对所有国家的学术研究人员开放。摩西·达扬中心的报刊档案室是世界上最全面的当代（1950年至今）阿拉伯语报刊文献资料室，拥有5000余种阿文报纸、杂志和定期出版物，其中不少收藏是独一无二的，不仅包括了阿拉伯世界常见的报刊，还有许多发行很少、生存周期短暂甚至部分地下出版物。报刊档案室也收藏了众多的伊朗报刊。中心出版了一套按国别分类的报刊收藏目录，方便研究者查阅。中心图书馆更是以其丰富的收藏而著称，除了学术著作与期刊外，其一大特色是保存了50多年来美国、英国、以色列电台对于中东事务的监听报告，时间可追溯至50多年以前。图书馆在经济资料的收藏方面也很有名，特别是收藏有中东各国中央银行的统计年鉴和简报。中心还编辑了方便查询的西方与阿拉伯参考书目，有10万多个词条，包括1979年至今的材料。另一有价值的查询工具是中心每两个月出版的《中东期刊当前文章目录》。

摩西·达扬中心2015年在中东智库中排名第22位。

6. 瑞乌特研究所

瑞乌特研究所（The Reut Institute，网址：http://www.reut-institute.org/en/Default.aspx）由吉迪·格林斯坦（Gidi Grinstein）2004年创建于特拉维夫，是一家非党派、非营利性的智库，致力于改变以色列和犹太世界的现状，关注点包括社会经济发展、国家安全和全球事务。瑞乌特研究所的愿景是建设一个繁荣且具有极强适应能力的具有典范性的犹太和以色列社会，从而为人类做出贡献。这一愿景与犹太人传统的“改造世界”的思想一脉相承。瑞乌特研究所声称其一切服务是无偿的，智库运作资金来自捐赠，但不接受超过其年度预算15%的单笔捐赠，也不接受来自以色列或外国政府机构的参政支持。

瑞乌特研究所2015年在中东智库中排名第24位。

7. 国际反恐怖主义研究所

国际反恐怖主义研究所（International Institute for Counter-Terrorism，The Interdisciplinary Center Herzliya，网址：http://www.ict.org.il）坐落于赫兹利亚的跨学科中心，建立于1996年，目前已成为世界领先的反恐研究学术机构之一，对国际反恐合作起到了促进作用。反恐研究所在恐怖主义、反恐怖主义、国土安全、威胁与危险评估、情报分析、国家安全与防务政策等领域都具有很强的研究实力。

反恐研究所现任执行所长是博阿兹·加诺尔（Boaz Ganor）博士。加诺尔是以色列国家国土安全技术委员会的成员，并且是以色列政府的反恐顾问，同时还担任了纽约警察局所属的曼哈顿研究所的国际顾问。加诺尔还为以色列国防军的高级指挥军官开设了反恐怖主义课程。

作为一家独立的智库，研究所的独特之处就在于其所有的议题都围绕着反恐这一主题，随着2001年“9·11”事件的发生，研究所的成果与活动引起了更多的关注，其重要性也日渐突出。

研究所将自身的功能定位为“提高公众认知、向决策者提供建议及学术研究”。在提高公众认知方面，研究所认为，反恐怖主义战略要求应对恐怖活动和恐怖威胁产生的心理效应，公众对恐怖主义的恐惧和不安全感将会影响到地区和全球政治、社会与经济政策。通过挫败一起恐怖袭击，人们可以赢得一次反恐战役，但当恐怖主义威胁打乱人们的正常生活之时，也就意味着反恐战争的失败。为此，研究所将通过与世界各地相关机构的联系致力于促进公众对全球恐怖威胁的认知。研究所通过向全球发行的研究报告、形势报告和学术出版物，使世界各地的决策者与学者能够分享其信息与研究成果。研究所几乎每个月都组织不同规模的国际性学术会议、研讨会和研究班，就各类与反恐相关的议题展开探讨或是进行教育培训，使来自各国政府、学术机构和传播媒体的专家得以交流不同的视角、信息与政策建议。

2003年，由反恐研究所所长加诺尔博士牵头成立了国际反恐学会（The International Counter-Terrorism Academic Community，ICTAC），目前，国际反恐学会成员已包括十余所世界各地的反恐研究机构，以及10余名个人会员，上海外国语大学中东研究所副所长孙德刚研究员位列其中。国际反恐学会的宗旨是在各国反恐学术机构间建立起一个积极的网络，为各国政治家与决策层的反恐政策提供建议与指导。国际反恐学会的第一项任务是为“恐怖主义”下一个客观的定义：“为获取政治目的而对平民蓄意使用暴力。”国际反恐学会认为，恐怖主义分子已经建立起了网络化的组织，因而在反恐领域也应适应网络化的现实，“以网络来击败网络”，反恐学会正是为应对这一挑战而建立的。学会的成员机构为各国提供相关的政策建议，并为国际机构的反恐合作提供了一种范例，学会通过国际会议和情报交流促进了反恐合作，如学会召开了“针对奥运会的国际恐怖主义威胁”国际研讨会并出版《学会简报》。由于以色列在反恐领域的一些做法颇多争议，为争取更多国家的反恐研究机构和人员加入学会，学会把其通讯地址改为德国基尔大学的安全政策研究所。

自2000年起，研究所每半年举办一期反恐研究证书课程班，历时3周，目前学费为5360美元，包括5～6门反恐理论与实践类的课程，这些课程集中深入地探究了当代恐怖主义的特征、手段、范围和全球分布情况，以及应对恐怖主义的战略、措施等。以色列由于所处的特殊环境而在这一领域积累了丰富的经验，并发展起了较为成熟的反恐战略与应对措施。课程班的学员来自世界各地，授课者中既有处于学科前沿的资深研究人员，也有具备丰富实践经验的以色列相关反恐职能部门的一线工作者，使课程班的理论性与实用性得到了充分的结合。暑期班的课程包括："当代恐怖主义与反恐战略"、"反恐问题和国土安全威胁"、"国际威胁的筹资状况"、"性别与恐怖主义"等。修完课程的学员将获得研究所颁发的结业证书。研究所还为学员开设了两种为期 1 周的扩展课程班，分别是"阿拉伯文化与环境"和"恐怖主义与医疗救护"课程班，扩展课程体现了实用性，但也暴露了其将特定民族和文化与恐怖主义相联系的偏颇倾向。

研究所建立起了极为全面的有关全球恐怖活动的资料数据库，包括恐怖主义组织的详尽资料，与恐怖主义相关的所有事件的新闻报道，这些资料发布在研究所网站上，对研究者具有重要的参考价值。同时，研究所研究人员也经常就最新的恐怖主义事件发表评论和接受各国新闻媒体的采访。此外，研究所还与跨学科中心国际电台合作，由反恐专家接受电台采访，开设一档"今日反恐"专栏播出。

研究人员近年来发表的较有影响的研究论文有：《"普通人"与"死亡工作"：作为害人者与受害者的自杀性爆炸者》、《关于建立在反恐行动中尊重人权的国际框架的法律与政策问题》、《反恐之战：司法战线》、《阿拉法特的心理剖析与战略分析》、《定义恐怖主义——一个人的恐怖分子是另一个人的自由战士吗?》等。研究所出版的学术著作有：《基地组织的海上威胁》、《恐怖组织之间的联盟》、《反恐之谜》、《反自杀性恐怖主义》、《全线战斗》、《真主党的全球活动》、《后现代恐怖主义》、《没完没了的圣战》等。

研究所每年举办的反恐年会已经成为国际反恐领域的重要事件之一，2006 年的年会有来自 40 多个国家的 800 余名代表出席，包括反恐专家、安全专业人士和政府决策人员，以色列的政府高官也都会出席年会。例如，出席 2005 年年会的主旨发言人有以色列外长利夫尼、国防军前总参谋长亚阿龙等人，其他还有法国前外长、德国总理府情报协调局局长、美国中央情报局助理局长、欧盟反恐协调员、英国伦敦警察局反恐专员等。出席 2006 年年会的主旨发言人有以色列内政部长、摩萨德前领导人、加拿大前司法部长、纽约消防局局长等。为纪念“9·11”事件，研究所已把每年的年会时间在固定在9月11日前后。2007年9月8～11日举办的反恐研究所第7届年会主要议题有：地区视角下的恐怖主义威胁、恐怖主义手法、恐怖主义的特殊焦点、反恐怖主义等。目前，年会的规模已扩至60多个国家的1000多人参加，会议名称也被称为世界反恐峰会，2015年之前的每届峰会都以“恐怖主义的全球影响”作为主题，2016年的第16届世界反恐峰会主题改为“解惑恐怖主义”，峰会于2016年9月11～15日举行，会议开幕式上举行了“9·11”纪念仪式，美国驻以色列大使和以色列公共安全部长出席了仪式。会议的议题也紧跟国际社会反恐新形势，包括恐怖分子对社交媒体的运用、独狼式恐怖分子、基地组织与“伊斯兰国”以及比利时、法国、德国和美国等国近期恐怖袭击的教训等，最后还进行了欧洲遭遇化学恐怖主义威胁的应对模拟，由反恐专家、专业人士等模拟德国总理、国防部部长、外交部部长、内政部部长、司法部部长、国家安全顾问、警察总监等角色，还有专人分别扮演北约秘书长、美国总统、法国总统和英国首相的角色参与场景模拟。

2015年反恐研究所在中东智库中排名第33位。

8. 米特维姆—以色列地区外交政策研究所

米特维姆—以色列地区外交政策研究所（Mitvim-The Israeli Institute for Regional Foreign Policies，网址：http://www.mitvim.org.il）是以色列智库中的后起之秀，位于特拉维夫附近的拉马特甘。成立于2011年5月的这家智库在2015年中东智库中排名第34位，超过了好几家老牌智库。这是一家提倡进步思想和改革论的智库，宣称其目标是推动以色列外交的新范式，促进以色列的地区归属，推动实现巴以和平，重塑以色列与中东、与欧洲以及地中海国家的关系。米特维姆是希伯来语单词“米特维”（מיתווה）的复数形式，原意是草图、蓝图，意在描绘以色列地区外交的新蓝图。研究所的创建者中有几位是在美国大学中任职的以色列人，研究所得到了美国非营利性慈善组织“新以色列基金会”的支持。

该智库的创建者认为，以色列的外交政策已经被长期的巴以冲突所绑架，致使以色列在中东地区陷入孤立，并经常被国际社会所诟病，国际地位不断恶化，以色列正变得更为强硬、保守和民族主义，该智库旨在重建以色列的和平与进步阵营。智库成员包括以色列的学者专家、战略家和媒体人士，其主要的目标群体是政策精英和社会公众，该智库还努力将其声音传播到阿拉伯媒体。

研究所的主要成果有以色列外交政策年度指数，每月发布的《米特维姆—DC》月度报告聚焦于美国对以色列政策以及其中东政策，其他研究课题还包括：以色列与土耳其关系、以色列与中东等。研究所通过其发布的研究报告、讲座、研讨会等形式不断扩大影响。

9. 以色列社会和经济进步中心

以色列社会和经济进步中心（The Israel Center for Social and Economic Progress, ICSEP 网址：http://icsep. org. il）由以色列政治活动家丹尼尔·多隆（Daniel Doron）建立于 1984 年，位于耶路撒冷市郊，是一家独立的推崇市场机制的公共政策智库。其在推动以色列经济进行基础结构改革方面发挥了重大作用，以色列时任财政部长内塔尼亚胡曾称赞该中心为 2005 年的资本市场改革法案和税改提供了非常宝贵的帮助。内塔尼亚胡还曾表示，以色列经济需要向更自由的市场变化，而该中心在这一变化中起到了催化剂作用，这一作用是不可取代的。中心的顾问委员会由来自以色列多所大学的 40 多位经济学家组成。中心主任多隆一直担任以色列政府经济顾问团及国民经济计划委员会的成员。

中心 2015 年列中东智库第 39 位。

10. 毛瑞斯·福尔克经济研究所

毛瑞斯·福尔克经济研究所（The Maurice Falk Institute for Economic Research，网址：http://en. falk. huji. ac. il）是以色列另一家主要的经济政策智库，列中东智库第 41 位。该研究所隶属于耶路撒冷希伯来大学，建于 1964 年，其主要宗旨就是鼓励经济研究，特别是对以色列经济的研究。中心每年主办福尔克经济论坛，吸引了大批经济学者和政府人士前来。

11. 耶路撒冷凡·黎尔研究所

位于耶路撒冷的凡·黎尔研究所（The Van Leer Jerusalem Institute, VLJI，网址：http://www. vanleer. org. il/en）是一家已有近 60 年历史的智库，该研究所是一家跨学科的研究机构，涉及哲学、社会、文化和教育等研究领域。1959 年，在荷兰凡·黎尔家族基金会的支持下成立了凡·黎尔研究所。自成立之日起，该研究所就在以色列社会一些高度敏感且又极端重要的领域扮演着关键角色，触及以色列社会矛盾的焦点，推动了以色列在教育、民权、文化多样性等方面的多项社会改革。

凡·黎尔研究所的宗旨是：成为人文和社会科学领域中创新理念的孵化器；在以色列的社会对话中推动人道主义、民主和自由的价值；定义和塑造公众对话并为现有话题提出新的思考方式；培育高质量的研究成果，并运用研究发现造福公众。

为实现研究所的宗旨，研究所的研究项目主要涉及 4 个领域：高等研究、犹太文化与认同、以色列公民社会、地中海邻国。研究所与学术机构、社会团体、政府部门开展项目和讨论，主要活动包括：进行公共政策研究和社会应用研究、开发和实施教育项目及对教育工作者与社区领袖的培训项目、并敞开大门迎接公众参与其文化活动。

研究所还下设了社会公正和民主中心、推动妇女进入公共领域中心、经济学与社会系、波隆斯基学院、凡·黎尔犹阿关系中心等。研究所每年出版大量书籍、研究报告等，如研究所每年发布的《以色列阿拉伯社会年鉴》等。

该研究所在中东智库中排名第 45 位。

12. 耶路撒冷公共事务中心

耶路撒冷公共事务中心（Jerusalem Center for Public Affairs，JCPA，网址：http://www.jcpa.org）建立于 1976 年，是一所独立的、非营利的研究机构和公共政策智库。自成立以来，中心组织专家进行了数百项与世界犹太人社团及以色列相关的研究项目，目的是促进以色列的安全和提高以色列的国际地位。近年来，耶路撒冷公共事务中心的主要关注点是以色列的安全、地区外交和国际法。

中心通过应用研究和公共外交努力应对迅速变化的不稳定的中东，以回应以色列和世界犹太人面临的威胁。中心的情报和国家安全专家关注于其认为对以色列构成重大威胁的 ISIS、哈马斯、真主党、叙利亚和伊朗等，并分析研判巴勒斯坦内部各派力量之间的竞争。

耶路撒冷公共事务中心通过多方面的努力向以色列的决策者以及世界犹太社团的领袖提供高质量的内幕信息。中心编辑发布了一系列的网上出版物，并经常组织高级政治和军事专家向外交使团和外国新闻记者举办专题通报会。

耶路撒冷公共事务中心也是以色列开展第二轨道外交和公共外交的一个重

要参与者，其接触的对象包括伊朗的反对派、叙利亚反对派领导人、叙利亚和伊拉克的库尔德领导人以及以色列周边邻国的其他重要人物。中心也经常向来访的外国访问代表团通报其分析成果，如到访的美国国会代表团就经常听取其分析。

在中心的出版物或专题通报会中发表其研究分析的专家包括以军前总参谋长、以军情报部门前首脑、以军北方军区和中央军区司令、以色列国家安全委员会主席等以色列军方高级官员，前任大使以及众多知名学者。以色列前驻联合国大使多里·戈尔德（Dori Gold）曾长期担任中心主席，2015 年又被内塔尼亚胡任命为外交部总司长。中心的研究成果以及对于 BDS 运动（对以色列的抵制、制裁和撤资运动）的评估对以色列政府及其他机构应对针对以色列和犹太世界的政治和经济战有重要的参考价值。公共事务中心的网站是最大的宣传以色列和中东问题的分析网站，其希伯来语、英语、法语和德语四种语言的网站每天平均浏览量超过 180 万，利用脸书和推特等新媒体也是其媒体新战略的重要组成部分。

中心将促进以色列的正面形象、支持以色列的生存权和与反犹主义做斗争为己任，中心政治上接近以色列右翼，支持吞并耶路撒冷和长期控制约旦河西岸和戈兰高地，反对巴勒斯坦的单方面建国努力。

中心还分别设立了当代事务研究所和全球犹太事务研究所，出版了一系列学术和网络出版物，中心出版一份名为《犹太政治事务评论》的学术期刊，一年出版两期。

中心的主要项目如下。

介绍以色列项目。多年来，中心开发了一系列宣传项目，向世界介绍以色列及世界犹太社团的最新发展。中心有每周的情况通报会，来自高层的高质量内幕信息通过电子邮件发送至数以万计的订户，每天有众多人访问中心的网站，查询不断更新的最新资讯。在中心定期举行的早餐会上，中心向驻耶路撒冷的外国新闻界和外交界提供了一个必不可少的途径，向以色列的权威专家与分析人员提问并获取信息，这往往也会成为以色列军事将领回答阿拉伯外交官提问的唯一场合。

针对不同的受众和关注点，中心提供了一系列网上出版物，包括：

《每日警报》（*The Daily Alert*，网址：www. dailyalert. org）。最初是为美国

犹太人组织主席大会汇集了各国以及希伯来语媒体关于以色列和中东问题的新闻及评论文章，提供全文链接，周一至周五每日更新。

《耶路撒冷观点》（*Jerusalem Viepoints*）。双月刊，刊登有关以色列、中东和犹太世界的深度报道与评论。

《耶路撒冷问题简报》（*Jerusalem Issue Briefs*）。由以色列的高级政治和军事专家为驻以色列的外交使团与外国记者撰写的简明分析报告。

非政府组织监控项目（NGO Monitor）。最初是作为一个研究项目，调查具有影响的非政府组织对以色列、反犹主义和反恐战争的看法，并列出其认为有反以倾向的非政府组织，以阻止此类组织得到更多的资助。2008 年，成为在法律上和财务上独立的机构，但其研究成果备受争议，被批评为其结论不够客观。

《以色列校园节拍》（*Israel Campus Beat*）和《以色列公路》（*Israel High Way*）。分别针对以色列和美国等世界各国犹太大学生和高中学生的周刊，报道以色列的最新动态和与以色列相关的校园动态，订户包括全美 50 个州及世界各国的 600 多所大学。

大屠杀之后的反犹主义项目。该项目包括举行一系列研讨会、课程、访谈等，用英语和法语发表文章，集中关注二战纳粹大屠杀后至今的反犹主义——其源头、变化与表现，以及从中所吸取的教训等。

以色列—欧洲项目。通过与欧洲的研究机构合作举办学术会议和出版法语、德语及其他欧洲语言的出版物，向欧洲国家推介以色列，提高以色列在欧洲的地位与形象。

以色列经济项目。耶路撒冷公共事务中心近 10 年来一直关注以色列经济的增长及其私有化进程，这个项目推出了一系列希伯来语出版物，内容包括以色列资本市场发展、城市化进程和环保项目等。

中心推出的项目还有国际法律论坛、伊朗及其对西方的新威胁等。

2015 年，中心发起了一项“防止和惩罚反犹主义犯罪的国际公约”，但并未得到很大响应。

中心在 2015 年中东智库排名中列第 47 位。

13. 耶路撒冷市场研究所

耶路撒冷市场研究所（Jerusalem Institute for Market Studies，JIMS，网址：

http://www.jims-israel.org/）是一家独立的经济政策智库，其宗旨是通过经济自由化推动以色列的社会进步，研究所的口号是："更自由的经济，更强大的以色列"。这家2003年成立的研究所已成为以色列最成功的经济政策智库之一。研究所定期发布经济政策论文和评论，开办了一系列经济教育课程班。研究所的研究议题涉及以色列社会经济的方方面面，如市场竞争、教育改革、税收、政府干预、土地改革、犹太教与经济发展。研究所还开展了几项全国性的民意调查，其中一项民意动态调查项目调查了以色列公众对主要的国家机构的信任度，发现以色列公众信任度最高的国家机构是以色列国防军，其次是科研机构，第三位是医疗机构；而最不受以色列公众信任的则是宗教机构，其次分别是议会和政府部门。

耶路撒冷市场研究所在2015年中东智库排名中列第68位。

14. 以色列其他智库

除了上述被列入《全球智库指数发展报告》的智库之外，以色列还有一批虽未被列入报告但颇具影响力的智库，下面主要列举一些与国际问题有关的智库。

（1）海法大学埃兹里伊朗和波斯湾研究中心

海法大学埃兹里伊朗和波斯湾研究中心（The Ezri Center for Iran & Persian Gulf Studies，网址：http://gulfc.haifa.ac.il）以对波斯湾国家的政治、经济和社会进行的跨学科研究而著称，以以色列的国家利益为研究出发点，同时力求对西方和其他国家的决策者产生影响。

中心拥有一批优秀的伊朗研究、贝都因人、库尔德问题、伊拉克问题、海湾国家史等方面的专家。

中心以梅厄·埃兹里博士（1922～2015年）的名字命名。埃兹里出生于伊朗，青年时代就积极投身于伊朗的犹太教育工作，1950年移居以色列后就职于犹太代办处，在帮助伊朗犹太人及其他海湾国家犹太人移民以色列的数次行动中发挥了重要作用。1958年，本－古里安总理要求埃兹里为发展与伊朗的外交关系而工作，埃兹里成为20世纪50～70年代以伊特殊关系的设计师之一，他在伊朗建立起一个包括巴列维国王本人在内的范围广泛的联系网络，为两国在包括能源等领域在内的经济合作做出了重要贡献。1982年，埃兹里建立了以耶路撒冷为中心的世界伊朗犹太人组织，鼓励伊朗犹太人对以色列的投资。埃兹里向以色列国内外的众多教育、医疗和慈善机构进行了大量捐助。2006年，埃兹里向海法大学伊朗和海湾研究中心提供了一笔可观的捐赠，中心以埃兹里夫妇的名字重新命名。埃兹里的捐助为中心的研究活动开辟了新的路径，并为中心成为国际领先的伊朗、伊拉克和海湾国家研究机构创造了机会。

中心研究人员发表的政策报告为政府决策层提供了参考，中心举办的以色列波斯湾研究年会主题有“波斯湾国家的犹太社团：现代历史的新主题”、“伊朗与以色列——过去与现在”、“海湾国家与西方——依附与独立”和“卡塔尔与中东”。

中心每年还举办小型研讨班，如“萨达姆之后的海湾”和“伊朗、伊拉克和黎巴嫩的政治领袖”研讨班。

以色列把伊朗发展核武器视为对其安全的最大威胁，伊朗核危机的发展及伊拉克局势的发展为研究中心发挥其智库作用提供了更多的发展机遇。

（2）特拉维夫大学丹尼尔·亚伯拉罕国际与区域研究中心

丹尼尔·亚伯拉罕国际与区域研究中心（The S. Daniel Abraham Center for International and Regional Studies，网址：https://en-dacenter. tau. ac. il）成立于2004年，致力于推动具有全球性重要问题的学术研究与教学协作，其关注焦点集中于全球范围内的民族和宗教冲突，显然，作为以色列的智库，其最主要的关注领域是以巴冲突。该中心整合了特拉维夫大学多学科的教学和研究人员对于国际与区域问题的研究，并与国际知名大学建立联系，推动国际问题研究领域的国际合作与交流。

通过组织全球性、区域性和跨区域性问题研究领域的创新型课题、会议、课程和讲座等方式，研究中心提升了国际关系和比较与地区研究学者间的跨学科学术交流，中心与特拉维夫大学校内外的很多研究机构合作举办会议，开设课程和讲座等。

中心鼓励特拉维夫大学校内各研究中心加强互相协作，中心的学术委员会由人文和社会科学院的各研究中心主任组成。特拉维夫大学外交和地区合作研究所、莫里斯·库瑞尔欧洲研究中心、孔子学院、斯维尔德林拉美历史和文化研究所、斯蒂芬·罗斯当代反犹主义和种族主义研究所、卡明斯俄罗斯与东欧研究中心、非洲研究项目等都在其框架下运行。

始建于1993年，2004年重组的莫里斯·库瑞尔欧洲研究中心的研究重点是欧洲历史和文化以及欧洲国家与以色列的关系。孔子学院由特拉维夫大学与中国国家汉办联合办学，并与特拉维夫大学东亚系有密切的合作关系，成立于2007年，除了推动中文教学外，也致力于中国文化与历史的研究。

（3）特拉维夫大学卡明斯俄罗斯与东欧研究中心

卡明斯俄罗斯与东欧研究中心（Cummings Center for Russian and East European Studies，网址：http://humanities1. tau. ac. il/cummings/）隶属于特拉维夫大学莱斯特和萨丽·恩丁人文学院历史学系，目前在丹尼尔·亚伯拉罕国际与区域研究中心的框架内运行。该中心以俄罗斯、前苏联各加盟共和国和东欧各国的历史与现状为主要研究方向。其目标是推进对这一地区的研究和认识。中心通过举办研究班、学术研讨会、提供奖学金等方式促进学术思想的交流。中心的研究成果在以色列国内外的学术界、政府机构及公众中具有一定的影响。

特拉维夫大学俄罗斯与东欧研究中心由迈克尔·康费诺（Michael Confino）教授于1971年建立。1990年，已故的前校董事会主席、来自蒙特利尔的杰克·卡明斯（Jack Cummings）向研究中心慷慨解囊，捐助资金，促进了中心的更大发展。

中心的重振正值苏联和东欧处于剧变的时期，以色列与苏联恢复邦交后，卡明斯中心在与俄罗斯的学术、政府和军事机构建立密切联系方面起到了至关重要的作用。由于以色列的许多建国先驱都有苏联背景，近年来又有大批前苏联犹太移民移居以色列，俄罗斯对以色列的深厚影响使卡明斯中心在俄罗斯与西方学术界之间起到了独特的桥梁作用。新一代的移民中包括众多的大学教师和研究人员，对俄学术界有较多的了解和接触，卡明斯中心得以在莫斯科和以色列举办多次大型国际会议。中心现有研究人员10余名。

中心开展的研究项目有：苏联驻英国大使伊万·麦斯基日记（1934～1943），苏以外交关系历史档案，俄罗斯的学校历史教育和新历史叙事的形成，犹太移民研究项目等。

中心的研究成果多以“卡明斯中心系列”丛书的名义出版，如《苏联犹太移民档案》《以苏关系档案》等。

（4）特拉维夫大学斯蒂芬·罗斯当代反犹主义和种族主义研究所

斯蒂芬·罗斯当代反犹主义和种族主义研究所（Stephen Roth Institute for

the Study of Contemporary Anti-Semitism and Racism，网址：http://www. tau. ac. il/Anti-Semitism/）成立于1991年秋，研究所致力于建立一个有关反犹主义和种族主义理论与表现的信息资料中心、学术研究中心及学术论坛。研究所研究焦点是第二次世界大战结束后反犹主义的社会与政治影响及其历史背景。

研究所拥有最权威的关于世界各地发生的反犹主义事件的详细记录，可通过互联网查阅。独立举办或与以色列国内外的学术机构合作举办学术会议，邀请相关学者提交论文并进行研讨。每年出版世界反犹事件和趋势的年度报告。出版专题研究成果。组织关于反犹主义和种族主义的研究项目，运用跨学科的研究方法，吸收特拉维夫大学其他院系的研究资源加入这一领域。研究所收藏的关于法西斯政权及其反犹主义暴行的档案是全世界最为丰富的同类资料之一。

研究所每年出版的《世界各地反犹事件和趋势年度报告》分为“总论”、“国别报告”和“统计资料”三大部分。报告的出版得到了世界犹太人大会（World Jewish Congress）和法国大屠杀纪念基金会（Fondation pour la Mémoire de la Shoa）的资助。研究所每年还出版一期登载关于反犹主义研究论文的刊物《世界范围内的反犹太主义》（*Antisemitism Worldwide*），2010年起，改为以网络报告的形式发布。

（5）特拉维夫大学米内瓦德国历史研究所

米内瓦德国历史研究所（Minerva Institute for German History，网址：http://www. tau. ac. il/GermanHistory）创立于1971年，1980年起，研究所的活动得到了德意志联邦共和国教育和研究部通过慕尼黑米内瓦基金会的资助。现任所长是加利利·沙哈尔（Galili Shahar）教授。

米内瓦研究所的主要活动包括：每年出版一本德国研究的年度文选，出版系列专著；推动以色列、德国及其他国家学者在德国研究领域的学术交流与合作；培养以色列学生对德国历史和文化的学习兴趣；接纳来自德语国家的留学人员；组织国际会议、讲座和研究项目。

研究所每年召开的国际会议吸引了众多从事德国研究的国内外学者，主题也极为多样，涉及政治、经济、历史、文化、哲学等众多领域。近年来召开的国际会议议题有：“教会与大屠杀”、“从今天的视角看大屠杀幸存者的赔偿”、“经济奇迹年代的德国企业”、“汉娜·阿伦特——半个世纪的争论”和“反抗压迫、占领和迫害：对纳粹政权的抵抗”等。

研究所出版的德国历史特拉维夫年度丛书，每年选择一个论题，将国内外知名学者撰写的论文编辑成册。自1987年以来，已连续出版了近30年。

研究所为有志于德国研究的学生与研究者提供了多种奖学金和研究资助，例如，慕尼黑大学奖学金，每年选派1~2名硕士研究生赴慕尼黑大学进行为期一年的学习；纽博格奖学金资助来自以色列和德国北莱茵—威斯特伐利亚地区的学生从事德国犹太人历史、犹德关系和以德关系的研究。还有众多与德国研究机构及基金会合作提供的奖学金，资助以色列学者赴德研究。

由奥地利文化、科学与交通部资助，米内瓦研究所与耶路撒冷希伯来大学的德国历史中心、奥地利因斯布鲁克利奥波德·弗朗岑斯大学当代历史研究所共同合作，进行“奥地利—以色列：1945年以来的政治和文化关系”研究项目。2009年起，研究所与德国耶拿大学每年联合举办为期10天的“以色列－德国暑期学校”，组织德国研究和以色列研究的学生参加相关课程和讲座，并组织参观。

（6）特拉维夫大学哈伊姆·赫尔佐克媒体、政治与社会研究所

哈伊姆·赫尔佐克媒体、政治与社会研究所（Chaim Herzog Institute for Media, Politics and Society，网址：http://www.tau.ac.il/institutes/herzog/）是特拉维夫大学一家比较年轻的研究所，成立于2002年10月，隶属于社会学系，以已故的以色列第六任总统赫尔佐克名字命名。研究所的宗旨是在学术研究与新闻媒介、社会和政治领域之间建立起互利的联系与影响，为学术界、新闻记者、社会批评家和政治决策者提供一个交流的场所，使其进一步了解当代新闻媒体对于社会和文化日益增长的影响力，促进相关的研究。

研究所创始人及首任所长约拉姆·佩里（Yoram Perry）教授，曾经担任已故拉宾总理的顾问。

研究所的主要研究项目如下。

“新闻媒体的公信指数”项目，研究所发布的这一报告，考察了公众对于报纸、广播、电视等新闻媒体的态度，报告在动态基础上跟踪观察公众对新闻媒体的评价、认知和预期，尤其是对一些重大事件发生时的反应。报告还将以色列的新闻媒体公信度与其他国家类似的研究进行了比较。近年来，研究所的这一项目关注以色列公众对于新媒体的信任度。

研究所还与以色列新闻记者协会、伦理中心联合举办新闻记者职业道德培训项目，其目的在于提高新闻记者的职业素质。

研究所每年举办欧洲—以色列媒体论坛，邀请来自欧洲和以色列的学者、媒体工作者探讨相关议题及合作。

（7）特拉维夫大学塔米·斯坦梅茨和平研究中心

塔米·斯坦梅茨和平研究中心（The Tami Steinmetz Center for Peace Research，TSC，网址：http://peace.tau.ac.il/）建立于1992年阿以和平进程开始启动的阶段，为了表达对特拉维夫大学心理学系一位年仅22岁就死于心脏病突发的女学生的怀念，中心以她的名字命名。和平研究中心以和平进程和冲突解决等相关问题作为主要的研究方向。为此，中心的主要职能有：随着政治进程的进展定期进行民意调查并做出判断；建立并维护关于以巴合作以及以阿合作的资料数据库；发起召开学术会议和讨论班；鼓励与冲突解决等主题相关的教学、研究计划及研究生论文的写作；培养和发展与以色列国内外类似研究机构的互动及合作。

研究中心的“和平指数”项目始于1994年6月，其目的在于监测以色列公众（包括犹太人与阿拉伯人）对于以色列与阿拉伯国家、巴勒斯坦的关系及其政治、经济和社会影响的看法。项目设计者试图找到以下这些问题的答案：以色列人（犹太人与阿拉伯人）对于和平的设想是什么？在暴力冲突与政治谈判来回交替的过程中，双方的相互认知发生了怎样的变化？以色列的自我认同如何随着外部威胁的改变而改变？项目研究者所做的民意调查的结果每月发表在以色列的《国土报》和以国内外的其他报刊上。“和平指数”项目由埃夫拉姆·亚埃尔教授和塔马尔·赫尔曼教授共同主持，特拉维夫大学的科恩民意研究所协助进行电话民意调查，样本误差在4.5%左右。研究人员根据统计结果计算出每个月的“总体和平指数”、“奥斯陆指数”、“叙利亚指数”和“谈判指数”，定期公布。

“跨越边界”项目的全称是——跨越边界：巴勒斯坦与以色列叙述和事实的相互探索。该项目由斯坦梅茨和平研究中心和位于拉姆安拉的巴勒斯坦政策与民意研究中心在福特基金会的资助下合作进行。该项目旨在为以色列人与巴勒斯坦人提供一个互相了解的机会，了解对方对于巴以冲突的叙述与事实，希冀在将双方阻隔开来的认知之墙上打开一个小孔。项目主要由3个部分组成：

①由来自巴以双方不同职业领域的人员如公务员、学者、非政府组织成员等组成学习小组，通过系列会议或讲座的形式了解对方的政治、经济、文化和社会现实；②建立一个对公众部分开放和对上述学习小组成员完全开放的主页，主要内容包括档案文件、讲座文字记录、阅读材料等相关信息；③共建图书资料库，和平研究中心进一步发展其关于巴以合作的图书资料库，而巴勒斯坦政策与民意研究中心则将建立反映以色列当代民意的图书资料库。

巴勒斯坦研究项目（2003～2005 年）也是在福特基金会的帮助下设立的，通过授课、研讨班、学术会议、出版论著、发表论文等方式将巴勒斯坦社会的方方面面呈现给以色列社会公众。其研究主题包括巴勒斯坦社会的分层结构、巴勒斯坦经济、通信、卫生、教育、家庭关系、文化和艺术、性别关系等。该项目共举办了 6 期研讨班和 2 次学术研讨会，6 期研讨班的主题分别为：巴勒斯坦媒体、教育体系、医疗体系、文学与艺术舞台、经济和家庭；两次学术会议主题分别是“巴勒斯坦难民及其回归权问题”和“今天的巴勒斯坦与以色列仍是和平伙伴吗”。

研究中心每年举办的塔米·斯坦梅茨年度讲座邀请的学者、政治家都可称为重量级人物，他们所做的关于中东和平问题的讲座吸引了大批的听众，巴拉克曾分别以工党领袖和总理的身份于 1997 年和 2000 年两次开设讲座，奥尔默特副总理主持了 2003 年的讲座，巴勒斯坦和谈代表埃雷卡特、美国前助理国务卿杰里京、美国驻以色列大使、欧盟驻以色列大使等也都曾出现在年度讲座的讲台上。

随着巴以和平进程陷入僵局，中心的影响力也有所下降。

（8）特拉维夫大学阿莱恩斯伊朗研究中心

阿莱恩斯伊朗研究中心（The Alliance Center for Iranian Studies，ACIS，网址：http://humanities1.tau.ac.il/iranian/en/）隶属于特拉维夫大学莱斯特和萨丽·恩丁人文学院，英国的大卫·阿莱恩斯爵士（Lord David Alliance）设立的“阿莱恩斯家族基金会”对伊朗研究中心提供了支持。伊朗研究中心运用多学科进行伊朗学研究，包括历史学、政治学、社会学、文学、地区研究等相关学科，研究重点是 19 世纪以来的现代伊朗。

中心建立于 2005 年 1 月，2006 年正式举行开幕典礼，是以色列国内第一家专门的伊朗研究机构，目前已成为中东地区伊朗本国之外最大的伊朗研究中心。中心通过本地学者和访问学者开展创新课题研究、学术研讨会、报告会和讲座等方式，推动伊朗研究不同领域的学者之间的跨学科交流，包括伊朗的历史、社会、宗教以及其在地区和世界事务中的影响等。

中心单独或与特拉维夫大学校内外的研究机构合作举办了一系列的学术交流活动。中心以出版专著、不定期发表论文等方式发表研究成果，中心网站还有一份题为《伊朗脉动》的电子出版物，跟踪分析伊朗的最新动态。中心定期举办“伊朗论坛”，讨论与伊朗相关的议题，2005 年以来，在伊朗论坛上发表演讲的除了以色列学者之外，还有来自加拿大、中国、法国、德国、印度、意大利、日本、瑞士、英国和美国等国的学者。中心招收伊朗研究的硕士、博士研究生和博士后研究者。

中心设有“哈比卜·列维博士项目”（Dr. Habib Levy Program），致力于推动对于伊朗犹太人的独特历史和文化遗产的研究，该项目为大学开设了伊朗犹太人研究相关课程，推动关于讲波斯语和阿拉米语的伊朗犹太人的历史、宗教、文化、社团、文学与语言等方面的学术研究及其成果发表，该项目鼓励研究生攻读伊朗犹太人历史和文化遗产的硕士与博士学位，项目支持以英语、波斯语和希伯来语出版研究成果。关于伊朗犹太人的档案和文献资料极为分散，中心和该项目努力收集与保存这一领域的有价值的资料及文件。中心保存了大量的历史文献，包括 19 世纪和 20 世纪的珍贵照片，部分个人、家庭和社团记录与文件，美国洛杉矶伊朗犹太历史中心对老一辈的伊朗犹太人进行的口头采访录音作为口述历史的重要资料也通过捐赠保存在伊朗研究中心。2012 年 6 月，特拉维夫大学将哈比卜·列维博士捐赠的图书资料设立了哈比卜·列维博士伊朗犹太历史和遗产馆藏室。

（9）海法大学犹太—阿拉伯中心

犹太—阿拉伯中心（The Jewish-Arab Center，网址：http://jac.haifa.ac.il/）成立于 1974 年，是海法大学内的一个跨学科研究机构，因其推动犹阿合作的努力而在国际上享有盛名。20 世纪 70 年代初期，建校不足十年，羽翼日趋丰满的海法大学开始意识到其校园中的犹太人与阿拉伯人之间可能面临着冲突或是合作的前景，决定建立这样一个中心，使来自不同民族与背景不同的学生在教室以外有一个相互认识和交流的机会，避免误解和冲突。同时，学校也采取步骤，推动有前途的阿拉伯少数民族学生的学术研究工作，中心在此领域也起了重要的作用。因而，犹太—阿拉伯中心不仅是一个社会福利部门，而且成为一所学术智库。中心希望成为思想的论坛，同时又是这些思想的实际应用场所。

在过去的几年中，中心努力为在犹太人与阿拉伯人之间建立一种平等的伙伴关系而努力，为此，中心主要鼓励开展三个领域的活动。①学术研究。中心致力于中东问题的研究，例如，中东地区的冲突和冲突解决机制，中东社会、文化、经济问题，犹太—阿拉伯关系，等等。中心组织各类学术会议、研讨班等学术活动。中心致力于推动犹阿对话，在约旦、巴勒斯坦、埃及、摩洛哥和以色列的学者、战略决策者之间建立起包括政治、经济、文化与学术联系在内的关系网络。②学生活动。犹太—阿拉伯中心的一个重要目标是促进海法大学犹阿学生的和谐相处，为此，中心为学校的犹阿学生开展了一系列的社会、文化和教育性活动，使来自不同民族、背景不同的学生能够有机会更好地互相了解。③社会责任。中心致力于在以色列社会促进犹太人与阿拉伯人之间的相互理解，鼓励和支持各种社会活动，改善以色列社会的阿犹关系。

犹太—阿拉伯中心在以上三个领域所开展的项目主要内容如下。

以色列双语教育项目。由蔡特（Zeit）基金会资助的以色列双语教育项目于 2005 年启动，历时 3 年，使以色列学校实现全面的双语教育。以色列的阿拉伯学童与犹太学童是在不同的学校接受教育的，根据其民族与宗教归属，分别接受阿拉伯语与希伯来语的教育，其课程的设置也有很大的不同，尤其是涉及历史、文化与宗教的课程。犹太—阿拉伯中心认为迫切需要制定一份双语言、双文化的教学纲要，以确保所有年龄段的阿拉伯学生与犹太学生实现完全一体化的教育。其目的在于挑战并终结以色列教育体系中存在的隔离和不平等的状况。

以色列犹阿关系指数。由萨米·斯穆哈教授主持的这一项目是由该中心和以色列犹太人与阿拉伯人公民和谐论坛合作进行的，2004 年开始发布。指数反映了构成以色列人口的两大民族之间关系的最新变化和状况。目前该指数主要是以民意调查结果为基础，主观性较强，今后，该项目准备推出包括社会经济平等指数在内的系列指数，包括人口变量、教育、贫困、失业、政治代表性、遭受歧视和使用双语状况等数据。该项目旨在提高以色列公众对两民族共存这一事实的认识，以改善双方对彼此的态度和民族关系。

促进多元文化社区中的师生对话项目。该项目由中心与海法大学教育系合作，蔡特基金会资助，为期 5 年，已于 2005 年结束。其目的是组织一个体现以色列社会多元文化特征的师生群体，组织座谈会等活动，培养持久的对话。

中心开展的学生活动包括社区领袖计划、犹太—阿拉伯即兴表演戏剧小组，课堂之友计划和犹太—阿拉伯学生俱乐部等。这些活动为促进犹阿两族学生的交流与互动起了积极的作用。

中心还设立了维尔纳·奥托奖学金和社区领袖奖学金。奥托奖学金由海法大学德国之友协会资助，颁发对象是在海法大学攻读研究生的阿拉伯女学生，于 2001 年设立，奖学金获得者都是致力于其社区的社会与教育活动的杰出学生，同时也是人权、妇女权利的积极倡导者。社区领袖奖学金授予那些参与社区领袖计划的犹太和阿拉伯学生。

20 世纪 70 年代，犹阿中心成立不久，包括德鲁兹档案馆在内的德鲁兹研究室被并入犹阿中心。德鲁兹研究室致力于德鲁兹历史、传统和文化的研究、保护与介绍工作。自建立以来，研究室档案馆已成为德鲁兹文化与传统的国际资料信息中心之一。德鲁兹研究室同时也关注德鲁兹人的教育和培养青年领袖的工作，研究室组织德鲁兹公众与学者及军方人士的会议，发起共同计划倡议，以解决冲突和问题。

（10）海法大学国家安全研究中心

海法大学国家安全研究中心（The National Security Studies Center，网址：http://nssc.haifa.ac.il/index.php/en/）成立于 2000 年，旨在推动国家安全研究领域内的多学科研究。研究中心提供了一个研究、著述和公开讨论的平台，使不同学术方向的学者能在国家安全研究领域的众多问题中发现共同的兴趣。国家安全研究中心的四个主要目标是：最高学术水准的研究，国家安全研究各领域的跨学科联系，协助政策规划，推动公开讨论。

考虑到以色列是一个时时面临生存挑战威胁的国家，国家安全研究具有重要的意义，涵盖了政治、军事、经济、地理、社会、技术等各学科领域。海法大学原有的几家智库型的研究机构大多侧重于国家安全研究领域的某一方面，需要建立跨学科的协调机制以整合各学科力量进行综合性的国家安全研究，国家安全研究中心正是基于这一需要而建立起来的。

研究中心与以色列国防体系有着密切的联系，早在十几年前，海法大学就设立了国家安全与战略研究的研究生特别课程项目，由政治学系设立的这一跨学科项目已经培训了数百名以色列国防军高级军官。这些军官通过这一项目学习了现代社会科学和各种战略思想分支，这一项目使海法大学和国防军指挥体系之间建立了积极的关系。

中心研究人员目前所从事的研究项目主要集中在以下领域：以色列国内安全发展，国内安全与民主，预备役制度的社会影响，国家安全与国家实力，政治文化与国家安全，极端主义与政治暴力，等等。

中心进行的研究项目主要内容如下。

恐怖主义项目。自以色列建国以来，以色列人就自认为恐怖主义已成为其日常生活的一部分。这不但关系到国家安全政策的制定，对以色列的经济与社会生活也有重大的影响。该领域的研究大都集中于对以色列所认定的巴勒斯坦恐怖组织及其活动的历史分析。中心的负责人决定建立起一个庞大的恐怖主义袭击数据库，将 1948 年建国后每一起针对以色列的恐怖主义袭击的相关资料都收集整理在内，供研究者查阅使用。中心组织了一个研究生小组，以以色列最著名的日报《国土报》的相关报道作为数据库资料的来源，研究生们把《国土报》上每一起恐怖袭击的相关报道整理后存档。研究小组设计了一份特定的问卷，根据该问卷尽可能多地收集每一起袭击的信息，如袭击者的身份、遇难者、袭击方式、地点、以色列的反应措施等。所有这些信息经分析整理后归入两种不同类型的数据库，可供研究人员分别进行定量和定性分析。该数据库已吸引了政府决策层、军方官员以及以色列国内外学者的浓厚兴趣。

国家安全的社会基础项目。自 2000 年 10 月起，中心每 6 个月发布一次以色列国家复原力报告，通过一系列以色列公众的爱国情感、对安全与和平问题的态度、对战争和恐怖主义的恐惧感、对体制的信任度等调查数据，描述以色列的国家复原力。这一项目建立在持续调查的基础之上，对了解中东局势发展中以色列国内社会心理的变化具有重要意义。该项目为使调查数据避免偶然性，对调查对象的选择力求反映以色列社会的多样性和代表性。以色列的阿拉伯人、极端正统派犹太教徒、约旦河西岸和加沙地带的犹太定居者以及来自前苏联的移民都被包括在内。该研究项目将以色列社会与国家安全问题联系起来，提供了一个安全研究的独特视角。同时，该报告已成为以色列政府决策层、新闻媒体以及学术界的一个重要信息来源，每 6 个月进行一次的调查报告的结果在赫茨利亚会议和海法大学校董会上发布。

军队与社会项目。以色列的国家安全奉行全民皆兵的政策，每个公民皆有服兵役的义务，并在达到一定年龄前仍需服预备役。预备役部队是以色列军事力量的一个重要来源。在过去的十几年中，以色列民众对加入预备役的愿望在不断下降，这一现象引起了以政界、军方和媒体的关注与忧虑。这表明，以色列社会对于曾是以色列最受尊敬的机构和作为以色列国家象征的以色列国防军的态度发生了转变。国家安全中心的这一项目对以色列公民服预备役的态度进行调查和分析，除了具有学术上的重要意义之外，其发现和结论也有助于军方和政治决策者对这一现象做出相应的调整与应对。

此外，中心承担的项目还有恐怖主义的心理影响和仇外心理研究等。

（11）本-古里安大学奥地利和德国研究中心

本-古里安大学的德国研究中心（The Center for Austrian and German Studies，网址：http://in.bgu.ac.il/en/humsos/AustrianGerman/Pages/default.aspx）建立于1998年11月，当时的德国总统赫尔佐克出席了中心的创建典礼，2008年改称奥地利和德国研究中心。该中心是一家跨学科的国际性研究中心，以研究德国及其他德语地区的历史、文化、社会和政治为主，目的是保护历史悠久的德国-犹太文化遗产。生活在德语地区的犹太人曾取得了辉煌的成就，留下了众多的历史文化遗产，但也经历了纳粹大屠杀的浩劫。二战后，由于德国对纳粹罪行进行了真诚的反省，德以关系得以正常发展，德国的赔偿对于新兴国家以色列的迅速发展也产生了不可估量的影响。

该研究中心强调其作为一个国际性论坛的作用，为来自以色列、欧洲和美洲等世界各国的著名学者、作家、艺术家和电影制作者提供一个交流的场所，探讨有关德国、德犹与德以关系的课题。中心的研究重心是历史和社会背景下的文化研究，包括文学、戏剧、音乐、建筑、美术、媒体与电影等。

从中心召开的国际研讨会主题可见其促进文化交流的定位。中心成立后举办的国际会议主题有："犹太声音—德语词汇：德国—犹太经验对西方文化的影响"、"欧洲在德国—德国在欧洲"、"戏剧与政治"和"40年后重温耶路撒冷的埃克曼审判"等。

中心极为重视对大屠杀历史的反思和对中东现状的启示，并为此组织了一系列的活动。在奥地利内政部的资助下，中心与奥地利方面合作开展了"毛特豪森集中营幸存者纪录片项目”，在15个国家对集中营进行了800多次采访，为后人牢记这段历史留下了珍贵的影像资料。2002年，中心和德国歌德研究所合作举办了“暴力、记忆与理解”研讨会，邀请德国、以色列和巴勒斯坦三方的学者就如何和平解决中东冲突展开研讨，加深了相互之间的了解，并提出了一些具体的建议，如在教育中消除暴力思想的影响等。

中心还出版了一系列有关犹太文化的图书，其中相当一部分是以德语出版的。

（12）本－古里安大学哈伊姆·赫尔佐克中东与外交研究中心

以以色列已故总统赫尔佐克名字命名的本－古里安大学中东与外交研究中心（The Chaim Herzog Center for Middle East Studies & Diplomacy，网址：http://humweb2. bgu. ac. il/herzog/）隶属于本－古里安大学中东研究系，中心致力于中东地区历史、社会、文化和外交研究，中心的创建反映了以色列已成为中东地区一个不可分割的组成部分。

中心为范围广泛的中东研究提供资助，研究项目包括中东地区的外交、社会和文化历史、地区经济、伊斯兰法、性别研究等。中心为中东研究的优秀学生提供奖学金资助，并设立与该地区相关研究机构的研究人员和学生交流互换项目。中心举办规模不等的国内外会议、论坛、讲座等活动为学者提供了交流的机会。中心还积极从事社会教育活动，推出了社区扩展项目，为学校所在的内盖夫地区的市镇和居民点提供课程教育及讲座，并为来自本地区的学生提供资助。

近年来，中心以中东地区的改革为议题举办了一系列国际学术会议，来自以色列、巴勒斯坦、埃及、土耳其、美国和加拿大等国的学者就中东地区新地缘政治环境下中东各国的改革展开了深入的讨论。

中心自2005年起举办的“大使论坛”每年邀请3～4位外国驻以色列的大使出席主讲，大使们的演讲主题大多围绕各国的中东政策及最新的中东局势，大使在演讲后接受听众的提问，并由中心的学者进行评论。迄今为止，已有美国、法国、土耳其、智利等国的大使参加了“大使论坛”这一活动。

在发挥社会教育功能方面，2003年起，中心与以色列最有影响的《国土报》合作举办了以色列阿拉伯学生新闻培训班，学员来自以色列各地的阿拉伯青年学生，要求具有或正在攻读本科学位，培训为期1年，分为3个阶段，授课内容包括以色列的社会文化、科学技术、政治经济等基本情况，新闻传播学基本课程，并为学员提供在《国土报》实习的机会。该项目的目的是帮助以色列的阿拉伯公民更好地融入以色列媒体和社会，改变其在以色列社会被误解和边缘化的命运。这一项目收到了较好的效果，一批年轻的阿拉伯学员通过学习，在报纸、电台或网站等新闻媒体获得了职位，有的毕业学员还创办了自己的新闻网站。该项目促进了来自不同地区和背景不同的以色列阿拉伯学生之间的交流，也加深了犹太学者与阿拉伯青年知识分子的相互了解。中心还协助中东研究系的学生建立了阿拉伯斯克（Arabesque）文化俱乐部，开展了多种文化活动，如阿拉伯歌唱家演唱会、舞蹈演出、电影观摩和评论、作者见面会等，使学生更多地了解多姿多彩的中东文化。

中心主办了一份中东研究的希伯来语学术刊物《贾玛》（*Jama'a*），创刊于 1997 年，每年出版两期，该刊的一大特点是其编辑人员全部为学生，并且每期都选登学生论文。该刊在以色列学术界已取得了较大影响，并计划与一所巴勒斯坦大学合作出版希伯来语与阿拉伯语双语版。

中心资料馆收藏了珍贵而丰富的中东研究档案资料，包括以色列第六任总统赫尔佐克的外交档案，伊斯兰历史上马木鲁克时期和奥斯曼帝国时期的重要资料，对于中东研究的学者具有重要参考价值。

（13）政策与战略研究所

赫兹利亚的跨学科中心成立于 1994 年，是以色列一家创新型的私立教育机构。它采取美国私立大学的模式，致力于发展一流的研究与教育事业，其目的是建立一所将个人成就与社会责任密切结合的大学，以培养以色列未来的政治、商业、技术和法律人才。跨学科中心下设 5 所学院：法学院，商学院，计算机科学学院，政治、外交与战略学院和国际学院。

政策与战略研究所（The Institute for Policy and Strategy，IPS，网址：http://www.herzliyaconference.org/eng/）隶属于跨学科中心的劳德尔政治、外交与战略学院。研究所成立于 2000 年，研究所的主要目的是服务于以色列的国家政策，通过其政策导向型的研究以及政策分析人员与政府决策者的直接对话和互动改进以色列的战略决策过程。研究所的特征是其多学科、综合性、全面性和问题导向型的前瞻性研究。

研究所以分析和创新型的研究方法见长，其研究范围广，主要集中于与国家实力和安全相关的问题现状和未来趋势。研究所的活动中最著名的一项就是每年举办的以“以色列的国家实力与安全之平衡”为主题的赫兹利亚会议。这一会议已经成为以色列政治、军事、情报、经济和社会领导层的一项重要活动，并被认为是阐述国家政策的重要舞台。研究所委任了一些工作小组或咨询小组，由具有不同观点、经历和专业的资深人士组成，这些特定的或是应官方要求而建立的小组提供综合性的评估和政策建议。这些小组的活动是建立在非党派和独立的基础上的，其报告往往会提交到赫兹利亚会议并在会上得到讨论。以赫兹利亚论坛为框架，研究所举办了一系列的研讨会和圆桌会议，议题均为国家议程中的重要问题。研究所还开办了赫兹利亚研究班，向学员揭示全球战略思想的最新趋势，以深化其知识，扩展其在国防、情报和国际问题等领域的战略与政策思考。

研究所发布了一系列赫兹利亚指数，这是以一种方法创新的尝试，目的是建立起一套衡量以色列国家状况的客观尺度。这一指数由研究所任命的专家小组编制并做出分析，为评价以色列的经济、社会和政治状况提供了一种标准化的比较途径。研究所目前还在开发编制一套“主观”指数，将心理士气等因素加入衡量国情的指标中。

研究所在国际和地区发展问题上的专业优势以及对以色列国家安全政策的影响力使其成为外交官与来访各国官员的一个重要信息来源。研究所经常接待来自世界各国的外交官与官员，这些官员从研究所获得了关于以色列政治、经济和安全形势及其外交政策的最新分析。

研究所与美国、欧洲和亚洲的众多智库、研究机构建立了密切的合作关系，交换各自的观点并开展联合研究项目，这些项目涵盖了众多的研究领域，如外交政策、国防与战略、自然与地缘政治资源、犹太民族研究、经济、技术、地区体系与全球化问题等。

主题为“以色列国家实力与安全之平衡”的赫兹利亚年会自其创办时起就成为众多以色列及世界各国领导人的年度“高峰会议”，参加会议的有以色列政府高官、议会议员、高级军方官员、以色列商界领袖、学术精英、以色列国内外的媒体、各国犹太社团的代表、各国在任或卸任的高官和外交人员。

每年研究所关于年会的工作通常都要经历这样几个阶段：首先是为年会做的预备性研究与分析工作，由工作小组或委任的专家完成；其次是年会议题讨论，工作小组的报告提交给大会，并在会上得到充分的讨论；最后年会组织者完成一份执行摘要，将大会的进程、研究与讨论结果和政策建议进行综述并呈递给决策层。

很多重要问题在赫兹利亚会议上提出后引起了决策层的高度关注，并成为主要的决策依据，第一届赫兹利亚会议被普遍认为是首次将人口统计趋势的地缘政治影响作为巴以和谈进程中的关键因素而加以讨论的场合。此后，人口问题得到了广泛的研究与讨论，并成为政府议程的重要组成部分。以色列各政府部门采纳了众多年会报告和建议，使之成为官方政策。这样的例子还有：2001年沙哈克工作组的报告分析了以色列的长期威慑战略，引起以色列国家安全委员会的高度重视，根据报告的分析进行了政策评估；2002 年以财政部采纳了阿亚龙报告关于将高技术产业对以经济的杠杆作用纳入国家经济复兴计划的建议；2003 年以教育部接受了 2000 年苏珊尼报告“尽最大可能利用教育体系”中的建议，减少了开支，提高了效率；以色列政府发动的提升以色列国际形象的公关运动也吸收了大会咨询报告的内容。

中东剧变、大国实力的变化以及海洋、太空及网络等方面的威胁使以色列需要重新评估并重塑其国家安全理念，为此，研究所发起了“重塑以色列国家安全理念”的赫兹利亚论坛，召开了一系列研讨会，以色列智库、政府和军方的代表共同探讨这一议题，其报告也被提交给 2015 年的赫兹利亚会议。

在以色列总统里夫林的倡导下，研究所发起了一项名为“以色列的共同希望：走向以色列的新秩序”项目，为以色列设置新的国内议题。2016 年 6 月研究所将政策建议提交给总统，并成为当年赫兹利亚会议开幕式上的主题。

赫兹利亚会议已成为以色列领导人阐述其政策的中心舞台，包括总统、总理、以军总参谋长、反对党领袖在内的众多政治人物都曾在年会上发表过重要的政策讲话。其中最著名的就是曾任以色列总理的沙龙选择在赫兹利亚会议上发表了其最重要的两篇政策演说，也就是众所周知的“赫兹利亚讲话”，在 2004 年的第四届年会上，沙龙宣布了其对“路线图”计划的支持，而在 2005 年的第五届年会上，沙龙首次正式阐述了从加沙撤离的单边行动计划。

研究所所长乌兹·阿拉德（Uzi Arad）教授是研究所的创建者之一，同时，阿拉德教授也是每年一度的赫兹利亚会议的创始人和主席，他还担任以色列大西洋论坛的发起者和主席，并担任以色列议会外交和国防委员会的顾问。

作为以色列这一重要智库的领导，阿拉德教授在政府部门有过丰富的实践经历，他曾在以色列情报部门摩萨德任职25年，并被任命为内塔尼亚胡总理的外交政策顾问。阿拉德还曾在美国纽约的赫德森研究所和特拉维夫大学战略研究所任职。研究所现有各级研究人员20余名。

研究所目前正在进行的主要研究项目如下。

伊朗的挑战。在以色列看来，伊朗在中东地区扮演着重要角色，其鼓励恐怖主义、阻挠和平进程和发展大规模杀伤性武器的政策对以色列的国家安全构成了极大威胁。研究所对伊朗的研究项目分3个研究方向，分别是伊朗的精英阶层与决策过程、定义伊朗的国家利益、定义伊朗的国家安全学说。

以色列与阿拉伯世界。阿以冲突自1948年建国起就伴随着以色列，研究所的这一项目主要分3个研究方向，即巴勒斯坦问题、叙利亚问题和反恐问题。

激进伊斯兰。以色列认为宗教激进主义势力是对中东地区和世界秩序的威胁，因而将其作为自己的主要研究方向之一，研究所与美国赫德森研究所合作，为美国国防部进行“伊斯兰与西方冲突的来源”项目的研究。

威慑战略。研究所对于威慑战略的研究以阿以冲突为背景，研究重点是以色列对其所认定的恐怖主义组织的威慑，由于国家难以将恐怖组织的活动限制在一定的领土范围内，难以区分恐怖分子和平民，国家顾忌对平民造成的伤害，国家也难以迅速地终结冲突，因而这种威慑不同于传统的两个国家之间的威慑平衡。尽管如此，该项目研究者仍认为，对恐怖组织的威慑依然是可能的。该项目主要集中于以色列针对哈马斯与真主党的威慑研究。

以色列的对外关系——欧洲－北约－以色列三角关系。研究所一直积极研究探索通过建立与欧盟和北约的新型伙伴关系，加强以色列与欧洲－大西洋联盟的关系。这一目标是基于这样一种理念，即以色列未来的战略力量将依赖以色列的新地区伙伴、其国际合法性和国际承认，以及其在国际经济中日趋重要的地位。2004年，政策与战略研究所和德国马歇尔基金会（German Mashsall Fund，GMF）合作在布鲁塞尔举办了一系列关于“以色列与欧洲－大西洋联盟关系”的研讨会，并建立了“大西洋论坛”，目的是推动以色列与北约的一体化进程。

爱国主义与国家实力。该项目强调国家实力是一个广泛的概念，不能仅用军事实力来衡量，国家实力还包括超越物质的精神力量，使国家在面临险境时岿然挺立。以色列国家实力的因素还包括经济、教育、法治、国家基础设施、与海外犹太社团的联系等。

此外，每年的赫兹利亚会议后研究所将会议纪要和论文分别用英语和希伯来语结集出版。

除了赫兹利亚会议之外，研究所每年还就不同的研究主题举办各类研讨会。

（14）鲁宾国际事务研究中心

鲁宾国际事务研究中心（Rubin Center for Research in International Affairs, the Interdisciplinary Center Herzliya，网址：http://www.rubincenter.org/）原名为国际事务全球研究中心（也称“格洛利亚中心”），也是赫兹利亚跨学科中心旗下的一家著名研究机构和智库。

中心创办人和首任主任巴里·鲁宾（Barry Rubin）（1950～2014年）是一位多产的中东问题研究专家，他还担任《中东国际事务评论》和《土耳其研究》杂志的主编，也是《耶路撒冷邮报》中东专栏的撰稿人。鲁宾教授曾在美国和以色列的多家研究机构与大学中任职和任教。鲁宾教授于2014年2月因病去世后，中心为纪念其创办者，改称鲁宾国际事务研究中心。

中心的理念是将最新的信息技术创造性地运用于学术工作之中，并认为这些新的工具将使国际问题研究发生革命性的变化。鲁宾教授在《将中东（与国际）研究带入21世纪》一文中，提出利用新技术推进国际问题研究的8项建议，包括：同等对待网络出版物与印刷媒介；通过网络出版图书；利用网络传输和电话开展学术会议与讨论研究；改变与简化研究项目和课题的进行方式；网上提供大量档案资料与研究工具便于研究者查找；就任意专题在网上开展小型研讨会；利用网络传播课程与会议的视频；将研究论文中的注解进行直接链接，方便读者查找原始出处。

目前，鲁宾中心开展的主要项目如下。

出版《中东国际事务评论》（*The Middle East Review of International Affairs*）期刊。自1997年创刊以来，该刊已拥有2万多位读者，遍及100多个国家。其读者群主要是中东问题的专家、学者、教师、学生、新闻工作者和对中东问题感兴趣的人士。《中东国际事务评论》由两份刊物组成，除了一份高质量的有关中东事务的学术季刊外，《梅里亚新闻》是一份有关中东研究现状的月刊，内容包括新的研究资源、对于特定研究主题的指南、奖学金和研究经费信息、书评、学术会议信息以及读者的研究问答等。这两份刊物的所有现刊和过刊内容在中心网站上均可免费下载。自 2006 年起，《中东国际事务评论》的法语版在网上发布，另有部分论文由阿联酋的海湾研究中心译为阿拉伯语供阿语读者查询。此外，《中东国际事务评论》还选择登载的部分文章结集成书，由出版社出版发行，目前已出版了《世界政治中的土耳其：新兴的多地区性大国》《中东当代伊斯兰运动》等。

土耳其研究项目。土耳其研究项目主要活动如下。出版《土耳其研究》（*Turkish Studies*）杂志，该刊创刊于 2000 年，目前每年出版 1 卷 4 期，该杂志主要关注于对现代土耳其共和国的研究，包括政治、经济、历史、社会、国际关系等领域，该刊的编委会成员包括来自土耳其和世界各地的著名学者。2002 ~ 2005 年，中心的土耳其研究所还在其网站上登载了 4 卷《土耳其研究所新闻》（*Turkish Studies Institute*：*News*），发布有关土耳其研究的最新信息，包括最新出版物、学术会议和交流信息等。研究所和土耳其经济与社会研究基金会（Turkish Economic and Social Studies Foundation）合作，在其网站上发布了“土耳其研究学者全球名录”（Global Directory of Turkish Scholars），按照字母排序，收录了数百名土耳其研究学者的信息，包括其职称、所属研究机构、研究兴趣和其电子邮箱等，该名录旨在鼓励学者之间的对话与交流，方便学者们组织研究项目或设立相关课程。研究所与土耳其的相关学术机构有密切的合作，在土耳其和以色列多次联合举办学术研讨会。

美国外交政策项目。该项目的目标是成为有关美国中东政策研究与分析的重要来源，从利益、目标、战略、策略、争论、约束和结果等方面考察美国的中东政策及其演变，以及中东国家是如何认知与对待美国政策的。该研究项目针对三个不同的受众群体具有不同的目标：对于美国分析家、舆论和决策层，该研究提供了对于美国政策的独立的外部评估，来自中东的研究者可使其美国同行和美国官员了解到危害美国利益的认知误区；对于阿拉伯世界和伊朗，该项研究成果的发布试图抵消那些针对美国政策的敌视立场，并鼓励阿拉伯世界和伊朗的改革者推动民主、自由市场改革和亲西方的对外政策；针对以色列和土耳其的领导人、官员、媒体、学者和公众，该项目旨在阐释美国的政策，通过避免误解而加强以美和土美双边联盟。该项目得到了林德和哈里·布莱德利基金会（Lynde and Harry Bradley Foundation）的资助，并与美国的学术团体进行合作。该项目已与美方合作召开了几次研讨会，如与美国国务院和美国驻以色列使馆合作，举办了一系列视频研讨会，美国和以色列两国的学者与官员就中东的局势发展如伊拉克战争、中东民主化、伊朗核问题等进行了研讨。

欧洲与中东项目。这一项目主要致力于研究欧洲与中东的关系和中东对欧洲的影响，还包括将《中东国际问题评论》文章译成法语、意大利语和西班牙语。

（15）以色列/巴勒斯坦研究与信息中心

以色列/巴勒斯坦研究与信息中心（Israel/Palestine Center for Research and Information，IPCRI，网址：http://www.ipcri.org/）成立于1988年，是世界上唯一一家以色列和巴勒斯坦联合的公共政策智库，致力于在“两个民族两个国家”的基础上解决巴以冲突。中心认为两个国家的解决方案符合两个民族的战略与安全利益，认为犹太人民和巴勒斯坦人民有权通过在两个民主国家之间建立和平共处关系实现民族自决。中心作为以色列和巴勒斯坦以及其他各国知识分子的论坛，谋求创立和发展新思想、新概念，丰富政治和公共对话，以影响决策者，挑战政治现实，推动巴以冲突的政治解决。

1988年中心建立时，正值被占领土的巴勒斯坦人第一次起义，其建立旨在推动以色列和巴勒斯坦社会各层次的对话，体现了建立巴以对话桥梁的最初努力。中心也是少数几家能够历经2000年阿克萨起义的洗礼以及双方种种限制而存活下来的巴以对话机构。中心的建立是基于这样的信念和原则，即中心应成为以色列和巴勒斯坦的知识分子、学者、政治家建立合作的平台，和平的建立和实现必须在国际社会的帮助下依靠双方的共同努力。从其成立之初，中心就确立了由巴以双方共同管理、共同领导的原则。中心董事会设有两名联合主席，同时设有两名首席执行官管理中心日常事务，并一直维持至今。

在部分巴以领导人的审慎支持下，巴以之间的谈判代表和专家通过中心尝试提出一些新的建议与设想，寻找能够达成一致的新领域。例如，安全专家在中心主办的会议上提出的设想推动了奥斯陆谈判渠道的开辟；在中心主持的经济圆桌会谈上进行的非正式“预先谈判”有助于改善以色列对于被占领土的经济政策；中心的水资源规划也在阿以之间的双边和多边谈判中得到了考虑；

中心还协助发展了有助于巴勒斯坦劳工与商人自由流动的新政策；中心进行了对西岸与加沙巴勒斯坦难民需求与愿望的首次评估性研究；中心还对巴勒斯坦和以色列的警官进行了首次联合培训；中心与巴以双方的环境官员合作制定了“优先治理清单”环境项目。

1993 年，巴以和谈进程开始后，中心依然发挥着重要的作用。正式的外交会谈和协议的签署只是冰山一角，需要大量非正式的前期准备工作，巴以和谈的停滞和挫折也为中心留下了更多的活动空间，中心依然发挥着不可替代的桥梁作用。

中心将探索与发现事实及提出新设想作为自身的主要工作。中心的人员和委派的专家组经常进行各种田野调查项目，收集相关数据，如测量环境污染、调查失业人数、进行民意测验等。中心成员曾进行不同选举体系比较的调查，组织耶路撒冷知名人士代表团赴布鲁塞尔考察民族共存状况，并前往约旦为商务合作进行准备工作。

中心曾下设三个部门。①战略分析部。主要进行战略性问题的研究与实践工作。例如，犹太定居点的前途、耶路撒冷问题、难民问题、边界问题。目的是重建和推动和平进程、创造合作与协调机制。②环境与水资源部。其关注问题如下：农业生产的环境标准、环境与公共健康、水污染、水资源的分配、巴以对于自然资源管理的合作模式等。③和平教育部。致力于对于巴以学校学生的和平教育，从事开发新教科书、教师培训等活动。

中心为巴以双方的学者和政策顾问提供了一个安全而稳定的论坛，鼓励其提出关于和平进程的创造性新思路、新设想。中心采取的主要方式如下。

圆桌会谈。中心定期邀请巴以双方的专家就七个专门领域进行圆桌对话。这七个专题是经济合作、水资源管理、环境、耶路撒冷未来地位、市民社会、集体认同、商务法规。

研讨会。中心曾在耶路撒冷、埃及开罗和塔巴、英国伦敦和牛津、加沙和土耳其等地举行多次国际研讨会，讨论内容除了上述圆桌会谈中的专题之外，还包括地区旅游业发展、工业化、医疗废弃物处置、农业贸易、定居点问题、安全与战略规划、以巴约三方贸易协议等。

图书馆和数据库。中心的图书馆和资料库收集了大量的著作、刊物和新闻简报。

中心活动的参与者很多都与巴以双方的决策层有着直接的联系，并与中东和平进程相关各方的外交社团有着密切关系。尽管自成立后，中心一直对其活动和成就保持低调，其影响力和知名度却在不断上升。

建立中心的原则是以完全平等的伙伴关系为基础，经过努力，巴以双方的不少知名人士加入了中心的对话机制。最初，中心的工作重心放在经济事务上，经济工作组几乎每个月都会举行对话会议，参加者包括巴方的重要经济参与者和经济学家，以方的参与者还包括以色列中央银行、财政部，甚至以军方的高级官员，中心将这些会议都进行了录音。1994 年，当巴以双方举行正式经济谈判时，这些会议录音成了双方有用的资料。

自 1989 年年底开始，中心定期将其工作小组及其对话会议上讨论的关于巴以和平及其合作的具体设想整理为“政治备忘录传真”，递交给巴以双方的各 20 名高级官员以及美方高官。1990 年起，当时的中心主任巴斯金定期被以色列外交部研究室邀请前去通报中心工作和进展。当时的利库德政府外交部官员在每次通报会前都会要求巴斯金对此保密，并表示在正式场合将完全否认举行过这样的通报会和收到过中心的备忘录。1992 年工党执政启动和平进程后，通报会更为频繁，并从外交部移至总理办公室进行，并有其他各部官员参加。政府也不再否认通报会的举行。中心也同样向巴方官员举行类似的通报会。

针对不断变化的巴以形势，中心为发挥更大的作用，采取了一些策略。例如，中心巴以双方的负责人分别向对方的决策层发出邀请或进行对话往往更能得到积极的回应，因为双方的决策层都不愿被对方认为对和平议程态度冷淡。当巴以和谈陷入低谷时，中心绕开官方的阻挠和障碍，采取一些变通手段，以使中心的活动不致中断，例如，内塔尼亚胡时期，中心曾组织了一个巴以联合警察代表团赴德国考察警用设施，就在临行前一周，巴宣布停止一切巴以官方代表团的活动，中心就将联合代表团拆为巴方代表团和以方代表团，两个代表团行程和安排依然不变，活动取得了圆满的成功。尽管外部环境一度较为恶劣，但中心仍坚持其活动，即使参与者寥寥，也不取消预定的对话会议。

中心成立以来一直力图成为巴以会谈的议程设置者，其很多设想被认为超越了时代，但这正是中心所希望达到的，中心认为只有面对敏感问题才能推动巴以对话向前迈进。

中心坚持其平衡机制，所有的财物与管理决定都是共同做出的，所有的文件都由两位联合主任共同签字，尽管在某种程度上影响了中心的效率，却是必要的代价。

中心与媒体的关系一直是一个两难问题，为了避免不必要的麻烦，中心对其活动采取了低调的策略，避免新闻媒体的曝光。中心必须警惕媒体决定其议程，必须确定何时以及以何种方式向媒体公开其活动，中心对于公开其在巴以官方谈判进程中所扮演的角色极为谨慎，以利于其活动，但这在一定程度上影响了其知名度，也影响了其获取经费资助的能力。相对于当地媒体，中心对于国际性媒体的态度较为开放一些，同时在国际外交界也保持高调，成为各国使领馆关于巴以局势评估的可靠信息来源，并获得了不少国际基金会的资助。

2013 年以来，随着巴以局势的不断恶化，中心的活动也大多陷于停滞。

（16）高级战略和政治研究所

高级战略和政治研究所（The Institute for Advanced Strategic & Political Studies, IASPS）是一家以耶路撒冷为基地，同时又在美国华盛顿设有附属机构的智库，罗伯特·洛温伯格（Robert Loewenberg）教授从美国移居以色列后于 1984 年创建了该所，并担任首任所长。

该研究所自称其使命是“在一个西方精英与伊斯兰会聚的时代，通过科学研究和开放社会的历史研究唤起西方民众的重新定向”。研究所的一位战略研究人员曾将该所称为“一家以以色列为基地，旨在将美国对海湾国家的石油依赖转向对以色列不持敌对立场的世界其他地区的智库”。研究所声称将在经济和战略领域对以色列最优秀的研究生进行培训，这些年轻人将成为以色列国会和美国国会的研究助理，并成为以色列独立的政策研究群体。

在 2003 年美国入侵伊拉克之前，这家曾经默默无闻的智库突然引起人们的关注，源于其在 1996 年发表的一份研究报告，题为《一刀两断：保卫领土的新战略》。这份政策报告向当时即将就职的以色列利库德政府施加压力，促其放弃和平进程，转而采取强硬路线，并对叙利亚和伊拉克等国发起攻击。这份报告的两名重要撰稿人道格拉斯·费斯（Douglas Feith）和理查德·珀尔（Richard Perle）数年后成为小布什政府的重要成员，分别担任助理国防部长和国防部防务政策委员会主席，在美国入侵伊拉克的决策过程中发挥了重要作用。评论者认为，这份报告的始作俑者在布什政府中担任重要职务表明布什政府中充斥着决心改造中东的鹰派中东问题专家。这份报告被称为“美国和以色列的新保守主义宣言”，表明这个智库与美国政治的新保守主义运动有着密切的联系。

研究所在其网站上宣称，该所致力于通过美国援助的支持、自由市场经济的改革和健全的导弹防御体系来限制以色列的社会主义中央集权制，反对缩减均势政策。研究所有两个主要研究方向，分别是经济政策研究和战略研究，意图培养以色列新一代的经济学家和战略分析专家。研究所研究人员协助以色列议会议员进行经济政策研究，并在研究基础上协助提出经济改革政策建议。他们还会在美国华盛顿工作一个月，作为美国国会议员的研究助手。

研究所的研究领域并不完全局限于中东，其研究成果还涉及非洲、中国台湾问题和里海地区等。例如，研究所的里海研究项目 2003 年发表了题为《能源问题的真正解决并非在伊拉克》的战略研究报告，提出将里海油气资源输送到西方消费国市场的紧迫性。研究所的非洲石油政策倡议研究小组 2002 年在美国华盛顿举行了名为“非洲石油：美国国家安全和非洲发展的重点”的论坛，该论坛指出，西非石油将有助于稳定中东局势，制止伊斯兰极端恐怖主义，确保能源安全。美国负责非洲事务的助理国务卿在论坛的发言中也对此表示赞同。

据统计，1997～2004 年，研究所从美国两家主要的右翼基金会斯凯菲基金会（The Sarah Scaife Foundation）和布莱德利基金会（The Lynde and Harry Bradley Foundation）获得了 68.5 万美元的资助，资助的研究项目包括美俄和里海事务、地缘战略政策等。

研究所的系列出版物包括《政策研究》《战略研究报告》《以色列经济评论》等。

随着美国新保守主义者的式微，研究所近年来的影响似乎已成了昙花一现。

第二节　以色列智库的发展现状与特点

冷战结束以来，智库现象也随之扩展。根据统计显示，2015 年全世界共有 6846 家智库，其中北美有 1931 家，占全世界智库数量的 28.2%；欧洲有 1770 家，占 25.9%；亚洲有 1262 家，占 18.4%；中南美洲有 774 家，占

11.3%；撒哈拉以南地区有615家，占9.0%；大洋洲有96家，占1.4%；中东和北非地区有398家智库，占5.8%。而在中东和北非地区的这近400家智库中，以色列就拥有58个，在中东地区，其智库数量仅次于伊朗。[①]

智库建立的基础就是研究力量，以色列是一个对教育和科研极为重视的国家，其发达的研究能力也是以色列国家实力的重要来源。可以说，以色列国家的建立是以一批犹太思想家和专家的想法与规划为基础的，以色列的安全也有赖于其科研力量。以色列智库的建立需求与以色列国家的诞生几乎是同步的，以色列建国后即面临的险峻的安全形势对以色列政府决策提出了艰巨的挑战，智库的出现正是这种社会需要和外部形势发展的共同需求。有的研究者把以色列建国后政府建立的一批政策研究机构视为以色列建立的第一批智库，其前身甚至可以追溯到以色列建国前1922年就成立的农业研究组织，该组织在建国后成为以色列农业和乡村发展部的研究机构。建国初期建立的这些隶属于政府的研究机构不少具有军方背景。之后在海外犹太社团和国际犹太组织的支持下建立起一批独立的研究机构，为以色列的对外政策提供了更多的选项。附属于大学的智库则始于1959年建立的鲁文·希洛阿研究所，后重组为特拉维夫大学的摩西·达扬中东和非洲研究中心。20世纪80年代后，随着智库在全球范围内的发展，以色列的一大批智库纷纷建立。

这些被称为智库的以色列公共政策研究机构具有以下一些特点。

从地理位置看，以色列由于国土面积狭小，其智库几乎都集中于耶路撒冷、特拉维夫和海法三个主要城市。其中位于耶路撒冷的有耶路撒冷公共事务中心、凡·黎尔研究所、哈里·杜鲁门促进和平研究所、以色列/巴勒斯坦研究与信息中心等；位于特拉维夫市及其周边的有：国家安全研究所、摩西·达扬中东和非洲研究中心、贝京—萨达特战略研究中心、国际反恐怖主义研究所、政策与战略研究所等；位于海法市的有海法大学国家安全研究中心、犹太—阿拉伯中心等。此外，位于以色列南部贝尔谢巴市的本－古里安大学也有一些智库，如本－古里安大学哈伊姆·赫尔佐克中东与外交研究中心等。

从研究领域看，大致可以将以色列智库简单分为内政型和外交型两大类，内政型智库的研究领域包括以色列经济、人口、社会等问题，专注于国内问题

① James G. McGann, *2015 Global Go to Think Tank Index Report*, TTCSP Global Go to Think Tank Index Reports, Paper 10, Feb. 2016, http://repository.upenn.edu/think-tanks/10.

的智库有以色列社会与经济进步中心、毛瑞斯·福尔克经济研究所、耶路撒冷市场研究所、以色列民主研究所、海法大学犹太－阿拉伯中心等；较为关注对外政策问题的智库有以色列国家安全研究所、贝京－萨达特战略研究中心、政策与战略研究所等。在外交型智库中，重点是对中东问题的研究，包括中东当代历史、中东和平进程、阿拉伯组织与社会、埃及和伊朗等中东国别研究、极端主义和恐怖主义等，但有的智库关注地区以外的国家，如进行俄罗斯研究、东欧研究和拉美研究的智库。由于以色列长期处于敌对的周边环境中，犹太民族又是一个世界性的民族，很多时候以色列的国内问题与对外关系是密不可分的，阿以关系、巴以冲突、反犹主义等常常成为智库的研究课题。智库的研究领域往往并不是单一的，内政型与外交型智库的研究往往又相互交叉。

从资金规模来看，以色列智库的预算金额较少。即使是比较大的研究机构如沙莱姆中心（The Shalem Center）年度预算也只有1000万美元（2012年），[①] 而以色列民主研究所年度预算大约是500万美元，陶布社会政策研究中心的年收入为100万美元，其余大多数以色列智库的年度预算都在100万美元以下，这与动辄上百万、上千万乃至上亿美元预算的美国智库相比无疑要少得多。[②] 从人员规模上看，以色列智库的规模也比较小，除了国家安全研究所和以色列民主研究所等拥有数十名研究人员之外，大多数智库的工作人员不足十人，但智库通常会雇用一些兼职的研究人员。

从机构属性来看，以色列智库的一个重要特点就是附属于大学的政策研究机构特别多，几所著名的大学都有一些重要智库，例如，希伯来大学的哈里·杜鲁门促进和平研究所、毛瑞斯·福尔克经济研究所等；特拉维夫大学的摩西·达扬中东和非洲研究中心，塔米·斯坦梅茨和平研究中心，哈伊姆·赫尔佐克媒体、政治与社会研究所等；海法大学的国家安全研究中心、犹太－阿拉伯研究中心；巴伊兰大学的贝京－萨达特战略研究中心，本－古里安大学的哈伊姆·赫尔佐克中东与外交研究中心等。这些智库以所在大学的学术资源为依托，对其研究领域涉及的相关学科进行整合，这些学科的教师通过参加共同的研究项目、学术讨论和国际会议推动智库的研究。附属于大学的智库也充分利

① 2013年1月，沙莱姆中心（The Shalem Center）升格为沙莱姆学院（The Shalem College），成为以色列第一所“美国常春藤式”的文理学院，但其智库功能仍然保留。

② 陈广猛：《以色列智库对外交政策的影响》，《西亚非洲》2016年第4期，第152页。

用大学能够接收国际访问学者的便利，推进其项目的研究。智库能够通过开设课程培养学生和青年人，这样的设置不仅直接为智库建设培养了学术梯队，而且通过课程讲授传播了智库研究人员的学术和政策观点。例如，以色列国家安全研究所虽然在隶属关系上已脱离了特拉维夫大学，但仍与其有着长期的合作关系，其部分研究员在特拉维夫大学国际安全等专业的硕士项目中进行授课。此外，一些独立设置的智库的研究人员也同时是大学的兼职教授。

从政治立场来看，作为政策研究机构的智库观点相对官方立场要更为自由和灵活。各智库的政治倾向也有所不同，如沙洛姆中心常被认为比较保守，而瑞乌特研究所、以色列民主研究所则相对温和。具体到巴以关系问题上，贝京-萨达特研究中心立场偏向右翼，主张以强硬立场对待巴勒斯坦问题；而哈里·杜鲁门促进和平研究所相对温和一些，主张通过谈判达成巴以和平，米特维姆—以色列地区外交政策研究所更是推动巴以和平和以色列融入中东，以倡导以色列外交新蓝图为己任。有的左翼智库致力于民族和国家间的宽容、对话与和平共处的研究，而有的右翼智库则研究犹太定居点的未来发展。当然，即便是某一智库内部，学者的政治立场也未必相同，需要具体分析。某些智库专家的个人观点与智库的整体倾向也有区别。

从成立历史来看，由于以色列 1948 年才正式建国，所以智库的历史都比较短，除了个别成立较早的智库如 1959 年成立的凡·黎尔研究所，1959 年建立的摩西·达扬中东和非洲研究中心的前身鲁文·希洛阿研究所，以及少数 20 世纪 60 ~ 70 年代成立的智库之外；绝大多数的智库都是 80 年代以后才成立的，有些年轻的智库甚至是进入 21 世纪以后才发展起来，如 2011 年才建立的米特维姆-以色列地区外交政策研究所，2003 年成立的耶路撒冷市场研究所等。

加拿大学者唐纳德·阿贝尔森（Donald Abelson）在考察了以色列智库的发展后指出，智库建设并没有一种固定模式需要模仿，并非每家智库都需要成为像布鲁金斯学会那样的世界一流智库，每家智库都应展现其独特性，适应以色列政治文化的需求。①

---

① Donald Abelson, “Changing Paradigms in Israel’s Foreign Policy: Do Think Tanks Matter?” *Mitvim – The Israeli Institute for Regional Foreign Policies*, 2011.

第三节　以色列智库对外交政策的影响

以色列是议会民主制国家，实行西方式的立法、行政和司法机构三权分立的民主体制。以色列至今还没有一部明文写成的宪法，其政府的运作都是依据议会颁布的法规进行，包括一系列的基本法。这些基本法规定了国家统治机关如议会、政府（内阁）、司法机构的角色和权力。具体到外交权上面，以色列议会和以总理为首的内阁则构成了这一权力的最核心内圈；而在决策圈的外围，则是一些试图影响政府外交政策的非官方机构或组织，包括新闻媒体、智库、政党、利益集团和跨国公司等。决策圈的内层和外层结合在一起，共同构成了颇具特色的以色列外交决策体制，智库是其中的一个重要组成部分。

一般说来，智库赖以生存和发展的动力是使其研究成果被政策的制定者们所采纳，成为实实在在的政府政策。而具体到外交政策方面，决策者们能否采纳智库的研究成果，一方面固然取决于研究成果是否符合国家的利益；另一方面，智库影响外交政策的方式也起着相当大的作用。

1. 以色列智库影响外交政策的方式

（1）智库的人员在政府中任职。当今各国智库除了对政府的政策施加影响之外，另一个重要的功能便是成为政府的人才储备库。政府官员和智库之间存在着一种角色互换的机制，即所谓的“旋转门”效应，美国是这一现象最为普遍和发达的国家。而作为单一制的议会制国家，以色列的政治体制决定了其人员流动的不发达，“旋转门”效应表现并不明显，但政府官员退职之后进入智库的情况在以色列还是时有发生。例如，位于特拉维夫的国家安全研究所就网罗了一大批退休的军官和政府高级官员，其中现任所长阿摩司·亚德林是一位退役的将军，曾长期供职于以色列国防部，并曾担任国防部情报部门主管，前所长奥戴德·埃兰（Oded Eran）曾担任以色列驻欧盟大使（2002～2007年），资深研究员伊夫拉姆·阿斯库来（Ephraim Asculai）曾在以色列原子能委员会工作40余年；国家安全与公共舆论项目的负责人耶胡达·本·梅厄（Yehuda Ben Meir）博士曾在贝京和沙米尔政府时期担任以色列外交部副部长；以巴关系项目负责人什洛莫·布罗姆（Shlomo Brom）曾长期担任以色列国防军总参谋部战略规划部负责人，并曾参与以色列与巴勒斯坦、约旦和叙利亚的和谈。内塔尼亚胡的前国家安全顾问（2011～2013年）雅可夫·阿米德罗尔（Yaakov Amidror）卸任后加入了贝京—萨达特战略研究中心任资深研究员。[①]

“旋转门”的另一面，即由智库进入政府任职，相对而言在以色列并不多见。较突出的例子是赫兹利亚跨学科中心政策与战略研究所的创始人和首任所长、赫兹利亚会议的创办人乌兹·阿拉德2009年受内塔尼亚胡总理的邀请，进入政府担任以色列总理国家安全顾问和国家安全委员会负责人。另一个典型的“旋转门”代表人物是多尔·戈尔德（Dore Gold），作为一名政治学和中东研究专家，他最初曾在特拉维夫大学的摩西·达扬中心和加菲中心（国家安全研究所前身）担任研究人员，1991年他担任了以色列参加马德里中东和会的代表团顾问，1996年开始他成为内塔尼亚胡总理的外交政策顾问，曾代表内塔尼亚胡与阿拉法特、阿巴斯等巴勒斯坦领导人会晤。1997～1999年，戈尔德任以色列驻联合国大使，2000年他重返智库，担任耶路撒冷公共事务中心主任，2015年5月内塔尼亚胡再次邀请戈尔德加入其政府，内塔尼亚胡总理兼任外交部部长，并任命戈尔德任以色列外交部总司长（Director General）一职，2016年10月，戈尔德因个人原因辞去了这一职务。通过在政府部门任职，智库专家就有机会将自己的研究成果或政策理念转化成具体政策，对决策过程施加直接的影响。

（2）通过出版著作、发表研究报告和定期出版物来影响以色列外交政策。针对以色列面临的各种国际问题出版专著或者发表研究报告以及各种定期出版物是智库影响官方外交政策的常见形式。以色列的各大智库每年出版大量的研究专著或是研究报告以及各种定期出版物，在对问题进行详尽的阐述和分析后，往往以对决策者提出的政策建议结尾。例如，阿拉伯之春爆发两年后，2013年，贝京—萨达特战略研究中心出版了名为《阿拉伯之春？》的著作，由8名研究中心和其他智库的学者共同完成，在分析了阿拉伯之春给中东带来的震荡之后，论述了中东变局对以色列的影响以及对地区和全球安全形势的影响，最后提出了以色列的应对建议，包括扩充常备军、增加研发投入、加强边

① 参见BESA官方网站对雅可夫·阿米德罗尔的介绍，http://besacenter.org/author/yamidror/。

境防务、寻求新的地区盟友和维护美以特殊关系等。[①] 国家安全研究所每年发布的《以色列战略评估》年度报告对前一年中东地区战略形势的变化进行总结，并提出其为以色列带来的机遇与挑战，此报告在其网站发布的同时，其装订本也同时提交给政府决策人员。智库进行的政策研究，通常具有时效性强、政策建议意味浓厚等特点。以色列各大智库都有自己的定期出版物。各个智库通过自身研究人员在刊物上发表最新研究成果，或邀请外部专家发表看法，从而对社会舆论施加影响，进而影响官方的外交政策。如贝京－萨达特战略研究中心的出版物，除了大量的图书专著之外，还有许多定期出版的研究成果，例如，《视角文件》（*Perspective Papers*）、《政策备忘录》（*Policy Memorandum*）、《新闻简报》（*News Bulletin*）和《中东安全和政策研究》（*Mideast Security and Policy Studies*）等。以色列国家安全研究所的定期出版物则更多，包括《战略评估》（*Strategic Assessment*）季刊、《军事和战略事务》（*Military and Strategic Affairs*，1年3期）等；此外还出版电子刊《洞察》（*Insight*）和《政策简报》（*Policy Brief*）等。有些智库还与国外大学或出版机构合作推动以色列研究的国际发展，并增强自身的影响，如本－古里安大学的以色列和锡安主义研究所就资助印第安纳大学出版社出版《以色列研究》（*Israel Studies*）的学术期刊。

（3）智库专家接受媒体的访谈。以色列是中东地区传媒非常发达的国家，平面媒体、广播电视媒体、网络媒体和新媒体均在以色列拥有广泛的受众，以色列媒体对政治也具有重要的影响力，被形容为与政府和议会平起平坐的第三大政治力量，甚至超过了法院。以色列人对媒体和新闻的痴迷程度可说超过了世界上任何一个国家，以色列的新闻消费能力在世界上也是首屈一指，他们不仅收听广播、收看电视、阅读报纸、浏览网页、关注手机，而且与媒体的互动程度也极高，犹太民族善于思考，性情直率，多愿意发表自己的观点，电脑和手机的很多功能正是在以色列得到开发的。以色列也是一个新闻产出的大国，突发事件层出不穷，世界各大新闻媒体在以色列也都设立分社或派遣常驻记者，以上种种都给智库专家接受媒体采访、扩大影响提供了条件。各智库也都很重视媒体的作用，很多智库设有专门的媒体协调人，并在智库官网上发布专家在媒体上的访谈。像《国土报》那样的平面媒体更受精英人士和政府高层

① "An Arab Spring?" https://besacenter.org/books/new-besa-center-book-an-arab-spring/#.WLmYXzi5LUc.

的青睐，学者们会在《国土报》、《耶路撒冷邮报》、《纽约时报》、《今日美国报》、《基督教科学箴言报》、英国《卫报》等国内外主流报刊上发表时事评论，或接受路透社、美联社、CBS、ABC及以色列国内媒体的采访。接受广播电视的访谈是以色列智库影响外交政策的一种重要方式，在电视广播媒体中发表评论无疑是智库专家影响公共舆论最及时有效的方式。以国家安全研究所为例，仅2017年1~2月，国家安全研究所的专家们接受广播电视节目专访的次数即有近10次。例如，2017年1月9日，资深研究员科比·迈克尔（Kobi Michael）接受电视7台访谈，谈关于以色列2016年经受的挑战；2月10日和2月12日，“军控和地区安全项目”负责人、资深研究员埃米莉·兰道（Emily B. Landau）就美国和伊朗紧张关系升级和伊朗试射导弹分别接受i24 News电视频道和电视7台的专访；所长亚德林则在2月15日接受i24 News电视频道专访，谈特朗普的中东政策。①

著名智库贝京-萨达特战略研究中心的专家团队也经常接受广播电视媒体的访谈，前所长埃夫拉姆·因巴尔教授更是以色列广播电视节目的常客，例如，2016年8月，因巴尔参加国防军电台关于打击“伊斯兰国”问题的访谈。② 贝京-萨达特战略研究中心的三位专家是《耶路撒冷邮报》固定的专栏文章作者。

（4）召开各类会议来对外交政策施加影响。以色列智库经常会举办各类年会、研讨会、座谈会等活动，对当前的热点问题、以色列所面临的挑战来进行讨论。受邀参加的往往是来自以色列政界、学术界和商界的精英人士。通过这种交流方式，智库可及时了解到政府的政策走向，政府官员则也可从智库的研究成果中汲取养分来为政府决策提供参考。

以色列智库举办的会议中，最有影响力的会议应属以色列跨学科中心政策和战略研究所主办的一年一度的赫兹利亚会议，会议由该研究所首任所长乌兹·阿拉德于2000年创办，试图效仿那些世界知名的国际政策大会如达沃斯世界经济论坛、慕尼黑安全会议、三边委员会大会和香格里拉对话等，会议每年召集以色列国内外政界、商界和学术界的人士在特拉维夫北部的赫兹利亚市举行一系列的论坛、专题讨论会和大会，就以色列和中东乃至全球的安全问题

① http://www.inss.org.il/index.aspx?id=4457.

② http://besacenter.org/media/.

展开讨论。以色列总理是该会议的常客，并在会上发表重要的政策讲话，如沙龙总理就是在赫兹利亚会议上阐述其单边行动计划。2016 年赫兹利亚会议的主题是“在一个动荡的中东为以色列制定新议程”，会议的开幕式是在以色列总统官邸举行的，以色列总统里夫林、政府部长和政治领导人、法律界人士、思想界领导人都对政策与战略研究所提出的“以色列的共同希望”理念展开了探讨。① 另一个也隶属于跨学科中心的重要智库国际反恐研究所每年 9 月召开的国际反恐年会，在国际安全领域也有很大的影响。②

（5）智库的对外交流与合作。由于各国智库通常具有的“非官方”的特性，它们在对外交往中往往可以起到官方机构不能达到的效果，即所谓的“第二轨道”外交。在这方面，以色列智库已有不少实践，与以色列智库交往最为密切的是美国的犹太组织、基金会、亲以利益集团和智库组织等，很多以色列智库资金的重要来源就是美国的犹太基金会。以色列智库中的很多专家都有在美国智库访学或任职的经历，同时也接受很多来自美国各智库的人员前来访学或任职。其中最突出的是以色列智库与华盛顿近东研究所（Washington Institute for Near East Policy，WINEP）的合作。不少以色列智库的研究人员，在其职业经历中都有去近东研究所访问的记录，而近东研究所的研究人员也经常会到以色列智库做交流访问，以便更好地了解以色列和整个中东地区的局势。如美国前中东问题特使丹尼斯·罗斯（Dennis Ross）曾在华盛顿近东政策研究所任职，后成为克林顿政府中东问题特使。克林顿离任后，他又回到近东政策研究所任高级研究员，之后他来到以色列担任一家智库耶路撒冷犹太民族政策规划研究所（Jewish People Policy Institute，JPPI）所长。之后，又回到美国加入了奥巴马政府的外交政策团队，并被任命为国务卿希拉里的波斯湾和西南亚事务特别顾问。③ 罗斯也因其犹太身份及与以色列的密切关系而受到巴勒斯坦谈判方面的多次质疑。而近东研究所另一位资深研究员埃胡德·亚里（Ehud Yaari）也曾经在耶路撒冷智库沙莱姆中心下属的阿伯尔森战略研究所（Abelson Institute for Strategic Studies）担任高级研究员（2007～2009 年）。④

---

① 见该会议的官方网站，http://www.herzliyaconference.org/eng/?CategoryID=426。

② 见 ICT 的官方网站，http://portal.idc.ac.il/en/main/research/instituteforcounterterrorism/pages/ict-mainpage.aspx。

③ http://www.washingtoninstitute.org/experts/view/ross-dennis.

④ http://en.wikipedia.org/wiki/Ehud_Yaari.

除了与美国的智库进行交流合作之外，以色列智库还与世界各国的智库有很多交流。由于以色列与大多数周边阿拉伯国家都没有外交关系，智库交流则成为以色列与这些国家开展人文外交的一条渠道，如以色列智库研究人员参加在第三国（如美国、中国、欧洲国家）举行的学术会议等交流活动时与未建交的阿拉伯国家甚至是敌对的伊朗智库研究人员的接触与交流，一些以色列智库学者还直接参加了“多哈论坛”等在未建交阿拉伯国家举办的国际会议，打开了交流渠道。

2. 以色列智库影响外交政策的效果

虽然以色列智库存在以上数种影响外交政策的具体方式，但要评价以色列智库的影响效果却并非易事。因为智库提供的“思想”这种无形产品的特殊性，很难对其进行精确的量化评估。在以色列对此也存在两种具有代表性的观点：一种认为以色列智库影响力不大或者根本缺乏影响力，其中不乏以色列智库的内部研究人员；另一种则认为以色列智库有较大的影响力。

第一种观点认为，尽管以色列在中东可算是个智库大国，但其影响相当有限，即便是那些重量级的智库如国际反恐研究所和耶路撒冷公共事务中心对以色列决策层的影响力也不大。不少智库的领导人自己也承认这一点，如摩西·达扬中东和非洲研究中心的前主任埃亚尔·齐塞尔（Eyal Zisser）承认其研究中心缺乏真正的影响力，贝京—萨达特战略研究中心前主任因巴尔也表示：“我们在评估智库影响力时必须适度”。即便是顶尖的以色列智库也无法达到与美国智库相同的成功和影响。

以色列智库影响力弱的主要原因在于以色列的政治结构，以色列的议会民主制对决策圈外层的政策建议留出的入口不像美国国会和行政机构那样多。以色列的议会制形成了更为强大的党派约束，阻碍了立法人员寻求外部政策建议或是采取与本党领导相反的立场。

此外，以色列的比例代表选举制也不鼓励参选的官员接纳新的、独立的政策想法。比例代表制使得有一些具有特殊利益的政党，如宗教党派沙斯党，或是代表退休人员利益的党通过加入支持其利益的联合政府而左右那些主要大党，这一现象无法激励政策创新以解决问题，导致这种拼凑而成的联合政府无心处理这些重要事务，在这种环境下，留给智库发挥影响的空间是有限的。

美国智库的强大也来源于美国人传统的对政府的不信任，美国文化中根深蒂固的观念是政府管得越少越好，这种对官僚机构的不信任导致了对外部专家的更多依赖。以色列人则较少寻求非政府的政策建议，他们传统上认为政治是一种暗箱游戏，大的战略性决定往往没有经过公开的讨论，如沙龙在提出单边行动计划之前几乎没有任何关于撤离加沙利弊的公开讨论。

资金问题也是限制以色列智库影响力的一个因素。作为一个小国，以色列智库的预算规模自然无法与美国的智库相比，以色列智库也很少能获得来自国内的收入，政府和商业界很少与智库签署合同要求其进行特定的研究项目，也不会向智库提供经费鼓励其开展公共外交活动。以色列也不存在类似美国福特基金会那样的大型基金会。以色列的税收法案也没有提供向非营利性研究机构捐款的动力。以色列的智库既得不到国家的资助，以色列公众也没有美国人那样的捐助智库的习惯。人们认为以色列智库缺乏影响力的印象又进一步削弱了人们提供捐助的意愿。因而，美国捐助者成了以色列智库的一个重要资助来源，例如，2007 年，美国犹太富豪谢尔登·埃德尔森（Sheldon Adelson）就向沙莱姆中心捐资 450 万美元在中心内建立了一家埃德尔森战略研究所。

以色列不少隶属于大学的智库也有其在资金上难以独立的原因，大学中的智库要依赖于大学的教师，其研究成果首先要符合学术标准而非专为政策制定者所作。与美国智库相比，以色列智库成果中著作的比例相当高，而决策者很少去阅读这些大部头的著作。学术导向性也限制了智库成果的影响力。即便是一些具有独立地位的智库也难以完全避免学术导向，因为其得到的私人捐助往往是短期性的，因而以色列智库学者难以完全割断与大学的联系，他们仍会需要大学机构所能提供的稳定性，因而很多专家担心的是如何取悦于大学院系的领导而不是取悦于政治领导人。

因资金来源的短期性和以色列时时面临危机的现实状况，智库的关注焦点也多为一些短期的特定项目，而很难组织其跨学科的长期性研究项目。以色列智库在进行政策分析研究时与美国智库相比，会有更大的压力，要求其在短时间内收集数据，而资料来源也相对较少，采用的分析方法也不够全面，因而也影响了其研究的质量。

尽管有少数例外，但以色列“旋转门”机制的缺失也影响了智库的影响力，作为一个小国，以色列政府换届时并没有太多职位等待着智库人员，以色列智库专家也并不期待政府职务。美国智库中进进出出的那些具有政策经验的研究人员使其政策讨论与研究更为敏锐，而政府可能不会太认真对待那些没有政策实践经验的大学教授们所提出的政策报告。

此外，从文化上来说，以色列智库影响力有限还跟以色列人交往互动的方式有关。以色列学者并不需要通过智库才能把自己的想法纳入公共讨论的领域，以色列的政治家也更容易接近。作为一个小国，人们之间的关系网更为密切，外层政策建议者和高层领导之间的层次相对较少，人们通过更少的关系网即可到达和高层结识。

以色列文化中那种不拘礼节的随意性是政府官员更愿意从熟识的个人而不是智库等研究机构那里获得政策建议的原因。以色列军队的全民兵役制也更强化了这种依赖个人关系交换政策信息和建议的倾向。例如，以色列智库雇用的不少国家安全问题专家是以色列国防军的前高级军官，政府和军队的官员可能并不愿意阅读智库提供的材料，而宁可拿起电话与一位军中老友畅谈一番。[①]

以色列军队中的分析研究机构十分强大，某种程度上也削弱了智库的影响力，军队研究部门虽然缺乏智库的独立性，但其拥有获得秘密信息的优势，其分析更易得到决策者的青睐。例如，政府想要获得伊朗核项目的进展，智库就难以与军队研究部门竞争。

在中国学者陈广猛对以色列智库学者关于智库影响力的访谈中，几位重要的智库领导人也表达了类似的观点。如摩西·达扬中东和非洲研究中心主任乌兹·拉比（Uzi Rabi）教授认为，影响政策制定者不是其研究中心的主要工作，他们的研究是要提供事件的背景。如果提供政策建议的话，就会存在采取什么立场的问题，而这可能会损害研究的客观性。他认为摩西·达扬中心要让自己远离权力，所做的是用历史来更好地理解政策，而决策者会有记忆，他们知道该怎么做。国家安全研究所中国问题专家约拉姆·埃夫伦（Yorum Evron）称其对自己研究工作的重要性进行评价时认为只是尽可能准确地陈述事实，至于研究成果具体会产生什么影响，则不在考虑之列。[②]

巴伊兰大学贝京－萨达特战略研究中心前主任埃夫拉姆·因巴尔（Efraim Inbar）被问及如何评估以色列智库的影响力时指出，“我们知道政府有时会向

---

① Hannah Elka Meyers, “Does Israel Need Think Tanks?” *The Middle East Quarterly*, Winter 2009, Vol. 16, No. 1.

② 陈广猛：《以色列智库对外交政策的影响》，《西亚非洲》2016 年第 4 期，第 158 页。

我们要额外的拷贝（指研究报告等成果），也知道我们的出版物有时在较低层面上到达了政府机构手中。这是一个小国，我们有时确实倡议了某些辩论，但很难说有直接的影响。我们在做些事情，而政府在决策，这是不同的，这就是决策，而决策就是这么简单。……确实，多尔·戈尔德（Dore Gold）与内塔尼亚胡有关系，而国家安全研究所拥有一批军事和情报部门的前首脑，这有助于其发挥影响。但这里还是要注意，不能过度夸大以色列智库的影响。因为政治的层次，并不一定意味着影响。"①

当然，也有观点认为以色列智库正在发挥越来越大的影响力。以色列政治文化中的一些变化正使智库的工作受到更多的重视。以色列也与很多西方国家一样出现了对于政府官员的信任危机，人们对政府官员的信任程度降低了。2006 年的第二次黎巴嫩战争之后，公众对政府和军队在战争中的表现都极为不满，并逐渐形成了这样一种共识，即政府的决策方式需要做出改变。政府中的腐败丑闻也使以色列人意识到，政府不应是决策的唯一来源，有时候政府需要受到挑战。同时，以色列政治领导人的特质也在变化，老一代的领导人里很多是未受过正规教育而在基布兹集体农庄里成长起来的，而新一代的国会议员、政府官员则是一个受过更多正规教育的群体，他们将更乐于听取智库的建议。

很多智库领导人同意智库的一个潜在功能就是为意见相左的各方在官方的交流平台之外提供一个安全的场所会面并讨论政策问题。考虑到以色列与周边阿拉伯国家的紧张关系，那些在外交场合达成和进行的脆弱的停火协议、条约、和平谈判等受到国内民众强烈情绪和国际社会目光的双重压力，而智库可以为独立的学者、政治家和其他人提供一个更为私密和非正式的场所进行会面并考虑一些拖延已久的问题的替代解决方法。从以色列国内来说，以色列人不缺想法，但由于左右翼之间的政治僵局而从未得到缓解，比如宗教与国家的关系问题一直无人愿意触碰，如果更多的以色列智库获得独立的资金来源，智库可以为以色列陷入政治僵局的内政和外交政策提供更为开放和活跃的讨论。

以色列在全球高技术产业领域的地位也使以色列文化中的不拘礼节特性发生着改变，西方和美国式的商业文化逐渐渗透进来并被以色列人所接受。人们

① 陈广猛：《以色列智库对外交政策的影响》，《西亚非洲》2016 年第 4 期，第 159 页。

开始强调西方式的精准化和仪式化，以色列智库也接受了美国智库获取威望的审美趣味，比如浮华炫丽的大会。每年一度的赫兹利亚会议效应就是一个例子，每年的会议吸引了各界名流和国内外来访者，的确起到塑造以色列战略研究议程的效应，人们为了获得赫兹利亚会议的一个位置而争斗。有学者不无揶揄地表示，赫兹利亚会议可以让某些人一举成名，他们工作一年就是为了这个会议，沙龙将他关于撤离加沙的单边行动计划的演说放在赫兹利亚会议上并非偶然。①

在陈广猛与以色列智库学者的访谈中，也有对于以色列智库影响力持乐观看法的学者，如赫兹利亚国际反恐研究所所长博阿兹·加诺尔认为智库与单纯研究机构不同。单纯的研究机构，通常会进行一些学术性活动，包括学术研究、学术会议等。而智库的活动则要广泛得多，它是一个把不同的人、不同的观点、不同的经验、不同的知识，以及不同的工具汇集在一起的地方，来质疑或者挖掘某个实际的主题或政策，并进行分析，从而有所产出。这种产出可以是书面的，也可以是口头的，可以是任何形式。只要它能够打开思维的盒子，对于公众、政策制定者、专业人士或学者来说，就是一项有益的工作，所以智库的主要功能是交流思想。他认为反恐研究所有很大的影响力，在国际上甚至比以色列国内的影响力都大，尤其是其年度性的“国际反恐大会”在国际反恐领域具有很高的声望和影响。②

已故的前赫兹利亚全球事务研究中心（现已改名为鲁宾国际事务研究中心）主任巴里·鲁宾认为以色列智库有两大功能：一是让公众知情，包括用专业知识引导舆论、报纸或其他媒体；二是做政府没有时间做的工作。同时他认为与美国的智库的政策环境相比，以色列智库有两个特点：一是研究机构规模相对较小，因而要求研究人员必须优秀，不能生产垃圾产品；二是由于国家较小，以色列智库比美国智库更容易接近高层决策者，他认为许多以色列智库其实比美国和欧洲的智库还要优秀。

2011 年 5 月，以色列地区外交政策研究所在一份报告中对以色列智库如何影响外交政策提出了一系列建议。智库应保持其在组织上的独立性，确保智

① Hannah Elka Meyers, “Does Israel Need Think Tanks?” *The Middle East Quarterly*, Winter 2009, Vol. 16, No. 1.

② 陈广猛：《以色列智库对外交政策的影响》，《西亚非洲》2016 年第 4 期，第 159 页。

库捐助来源的多样性，避免过于依赖单一的捐助者。各智库之间应建立起一种合作文化，摒弃竞争文化。尽管各智库之间存在“思想市场”上的竞争关系，但以色列各智库应共享信息、共同研究，建立网络并分享有效的工作方法。加强与国外智库的合作关系，更多的以色列智库在国外设立了分支机构或是与海外智库进行合作，与美国、欧洲国家以及土耳其智库的合作是有益的，且有助于推动以色列智库与阿拉伯－伊斯兰世界智库间的政策对话。智库必须把长期战略研究与短期动态回应相结合，智库的研究应在长期的战略思考与对当前事态的迅疾反应之间找到平衡，对这两类研究的预算投入需要合理的安排。高质量的具有重大意义的研究成果是智库生存与成功的关键，智库的研究议程应避免疲于追踪动态事件。智库应具有在正确的时间将正确的思想呈现给正确的人的能力，智库对未来的事态发展要做出预判，并提前做好准备。智库的研究议程中，必须有一部分人员从事看似与当前动态变化不相关的研究，投入到对于未来趋势变化的研究，一旦未来趋势发展符合预判，智库就能立刻成为关注点。要做到这一点，需要提前完成相应的研究项目，等待最适当的时机发布研究成果。同时，智库也要对动态发展提供分析和解释，通过纸质和电子媒体及时发表简短的分析文章，短文应有更具体和更深入的研究成果的支撑，以便为有兴趣的受众提供更多信息。智库还应对其目标受众和产品进行精确的定位，提供适应不同受众的系列产品，如媒体专栏文章、立场报告、调查报告、深度研究报告、视频资料等。智库需要一批具有创新意识、对于事态和趋势具有正确判断力的专家和研究人员。但智库没有必要将这些专家都聘为专职研究人员，只要专家乐于在为其研究成果署名时加上智库的名称即可。需要区分智库影响力与公众可见度之间的关系，媒体的曝光度并不等同于智库的影响力，尽管出于捐助者和董事会的压力，一些智库会把其作为影响力的衡量尺度。媒体曝光度有助于智库提升知名度和地位，并发布其产品，但对政策的影响需要远离公众的视线。智库必须能够进行一系列幕后工作，如参与以色列及他国决策人士的咨询会议，与阿拉伯世界人士的慎重接触等。进入决策者的视野需要一定的个人关系，智库需建立起自身的社会和政治网络。为提升影响力，智库还应发挥自身优势，智库应仔细研究自身应以何种方式且最有能力在决策的哪一阶段进入决策过程，是通过向公众和政治话语提供新思想，还是推动决策者的政策成形或立法过程，还是在政策成形或立法后推动其执行？通常智库倾向于在决策过程的早期阶段发挥影响，提出新思想以塑造公共和政治话语。当出现政治变化或转型的时期也是智库提升影响力的好时机。中东剧变发生后，以色列如何应对中东的转型，以色列的外交政策范式将如何变化，为以色列智库的发展和影响力的提升提供了新的机遇。

关于以色列智库对外交政策的影响力，尽管难以做出精确的量化评估，但不可否认的是，以色列作为中东地区智库建设最为发达的国家之一，智库作为外交决策圈参与者，且其参与度也呈现出上升趋势，其影响力不容低估，在“一带一路”框架下加强对以色列智库的研究和中以智库间的合作，当是题中应有之义。

第三章　土耳其智库研究

第一节　土耳其智库概况

一　土耳其智库发展历史

土耳其智库产生于20世纪60年代。同许多国家一样，冷战时期的开启，使得各国都经历了一定程度的国内危机和转型，在这样一种动荡的变局之中，国家对于智库的需求也应运而生。而在土耳其，为应对同欧洲越来越紧密的联系和塞浦路斯问题，经济发展基金会（İktisadi Kalkınma Vakfı）及外交政策杂志（Dış Politika Dergisi）组织建立了外交政策学院（Dış Politika Enstitüsü）等智库机构，这些智库机构也成为土耳其第一批智库。

1961年土耳其在宪法中做出了相关条款的修改，规定了土耳其智库可以采用协会或者基金会等机构形式，为土耳其智库的建制提供了法律依据，营建了智库发展的自由氛围。1963年，土耳其政府同欧洲经济委员会签订了安卡拉协议，该协议的签订，为土耳其同欧洲经济关系的发展奠定了良好的基础，同时政府也需要得到更多与经济发展相关的建议和信息。因此，在外交政策之外，工商业界对于智库的需求也开始产生。经济研究基金会（İktisadi Araştırmalar Vakfı）和经济发展基金会建立了社会经济学院会议（Ekonomik ve Sosyal Etütler Konferans Heyeti）。

虽然土耳其初期建立的智库机构同相关学者定义的智库在概念和功能上仍有一定差别，但此类机构仍可视为土耳其智库的发展源头。而在这之后，社会经济学院会议也逐步发展为目前土耳其较为有影响力的智库——土耳其经济社会学院基金会（Türkiye Ekonomik ve Sosyal Etütler Vakfı，TESEV）。此外，经济发展基金会虽然并非完全独立的机构，但也在土耳其的入欧进程中发挥着较为活跃的作用。同时期建立的外交政策学院有着较强的左倾民主倾向，该机构的建立也标志着意识形态逐步从土耳其政治生活中分离出来。到了 20 世纪 80 年代，土耳其智库数量大幅度增长，这其中较为有代表性的有伊斯兰研究中心（İslami Araştırmalar Merkezi）、政治社会研究基金会（Siyasi ve Sosyal Araştırmalar Vakfı）、土耳其民主基金会（Türk Demokrasi Vakfı）、中东和巴尔干地区研究基金会（Orta Doğu ve Balkan İncelemeleri Vakfı）、马尔马拉战略和社会研究基金会（Marmara Grubu Stratejik ve Sosyal Araştırmalar Vakfı）、土耳其社会经济研究基金会（Türkiye Sosyal Ekonomik Siyasal Araştırmalar Vakfı）。各智库在竞争和发展的过程中有逐步壮大的，当然也有逐步退出历史舞台的，比如上述的政治社会研究基金会。虽然之后土耳其修订的 1982 年宪法对于智库的发展增加了一定的限制，但土耳其本国智库依然在点评时政、为政府提供建议以及沟通国际知名智库方面发挥了较为活跃的作用。

而 90 年代初期冷战的终结，为智库的迅速发展再次提供了新的机会。冷战结束带来的世界局势的变化，国家对抗思维到国际合作思维的转变，使得土耳其的政治精英和知识精英开始对传统国家安全思维和外交政策反思，他们开始关注在崭新的世界格局下，新型国家安全思维的建构及对应的外交政策调整应如何适应时局。有学者就曾指出，影响外交政策的各类因素较 80 年代明显增多，而 90 年代初期当各类新的趋势和安全威胁出现时，政治精英们也同意土耳其原先制定的外交政策必须进行相应调整。这一时期的政治日渐民主化也使得关于国家安全和外交政策的调整变化成为智库与学界公开讨论的焦点，除了政党之外，越来越多的民间团体也开始活跃在此类话题的讨论中。政治上出现的开明趋势，也反映在人们关于国家安全和外交政策的讨论之中，这些讨论也为政府在政治上的选择提供了更多新的可能性。在这样一种政治自由的氛围中，新的社会力量也开始加入政策选择的影响层面。在这段时期，除了 80 年代的依旧活跃的智库之外，土耳其经济社会研究基金会、自由思想联盟（Liberal Düşünce Derneği）、根源社会和战略研究基金会（Kök Sosyal ve Stratejik Araştırmalar Vakfı）、国民政治研究基金会（Ulusal Politika Araştırmaları Vakfı）、社会经济政治研究基金会（Toplumsal Ekonomik Siyasal Araştırmalar Vakfı）和欧亚战略研究中心（Avrasya Stratejik Araştırmalar Merkezi）等一批新型智库也在这样的自由氛围下涌现出来。这些智库中的很大一部分现在已成长为土耳其较有影响力的智库，在由宾夕法尼亚大学的麦克甘教授团队发布的2013年和2014年全球智库报告中，土耳其经济社会研究基金会和自由思想联盟均位于非美国智库前100位。90年代中亚突厥民族国家的独立、南斯拉夫解体导致的巴尔干地区的新局势、中东地区发生的第一次海湾战争为土耳其外交政策的制定提出了诸多新的挑战，同时这些国际事件也为土耳其智库的发展提供了新的机遇和新的研究课题。政府部门内部为应对国际新形式的挑战开始组建自己的专家学者团队，这类政府内部智囊团队在日后也发展为同政府联系紧密的一类智库，比如，土耳其外交部下属智库战略研究中心（Stratejik Araştırma Merkezi），高等教育机构下属智库战略调研委员会（Stratejik Araştırma ve Etütler Mill Komitesi）等。在这段时期，国外的一些智库机构也陆续在土耳其境内开设了分支机构。

进入21世纪之后，土耳其的智库机构进入快速发展阶段，有学者对相关原因进行了如下总结：社会和政府对于知识及信息的深度分析需求增加；土耳其民主进程的发展需要更多民间力量参与其中；互联网技术的迅速发展；经济全球化为智库发展提供了更多样化的资金和技术支持渠道，资本的快速流通为发展中国家的智库建立和成长提供了良好的资金平台。1999年土耳其成为欧盟的候选成员国之后，土耳其不得不从内政外交方面进行全方位的调整。由民主进程和人权保障等领域开始的大规模改革对土耳其社会的变革产生了深远的影响，而智库既是这种改革的参与者，同时也是改革影响的受众。一个很明显的变化就是，原先1982年宪法中对于出版物、社团组建方面规定的限制放松了，特别是2001年协会组织法（Dernekler Kanunu）依据宪法变化进行的具体条文修订，为民间社团和智库机构的组建打开了方便之门。在这段时期，按照上述法律，不光是智库机构，其他的工会组织和商会组织的建立及运营活动也较之前更为自由。而民间机构组建和运营的逐步自由化，在全球化的趋势影响下也使得国内外的机构之间的边界模糊了起来。

土耳其的入欧进程也对这段时期土耳其智库的发展起了积极的促进作用。越来越多活跃在欧盟的基金会开始直接向土耳其的民间机构提供资金支持，并同相关民间机构开展研究项目合作。这些资金和项目支持也成为土耳其智库发展的原动力。比如，土耳其科学和技术研究机构（Türkiye Bilimsel ve Teknolojik

Araştırma Kurumu，TÜBITAK）作为政府学术研究机构得到了来自欧盟资金的大力支持，欧盟相关智库和学术研究机构对于TÜBITAK开展的亚洲及非洲地区研究、外交政策、安全和能源领域等相关项目都有浓厚的兴趣。除了这种直接的资金和项目支持外，欧盟也为土耳其智库发展提供了相当数量的间接支持。

目前活跃在土耳其的智库中，既有在政府机构建制内建立起来的智库，除了上述的外交部外，土耳其的内政部、大国民议会、土耳其武装部队都拥有自己的智库机构，也有诸多工商业组织和大学等民间组织建立起来的研究中心。目前在土耳其存在着独立、半独立、政府资助、学校附属、政党附属、国外智库分支等诸多性质的智库。

二　土耳其主要民间智库一览

1. 土耳其—亚洲战略研究中心

土耳其—亚洲战略研究中心（Türk-Asya Stratejik Araştırmalar Merkezi，TASAM），其建立的目的在于为土耳其内政外交提供政策咨询，考察和分析现行政策。中心由一名主席负责领导，下设总经理、执行委员会和专门的地区与专业考察专家组，专家组包括高加索—中亚—中东工作组、能源政策分析工作组、非洲工作组、政治科学工作组、社会文化研究工作组、经济研究工作组、自然环境政策工作组、媒体及民众传播力考察工作组、国家和国际行为研究工作组。该智库的主要产出，是发行各类咨政报告和其专有的《战略前瞻》（*Stratejik Öngörü*）杂志，并通过网站建设发布中心的观点和战略分析报告。由其每年主办的亚非会议在最近几年对于土耳其外交政策方向的调整产生了一定影响，推动土耳其政府在近年来将对外政策向亚非国家调整。该智库强调应以土耳其为地缘中心国来制定周边外交的维度：同邻近土耳其的巴尔干各国、中东地区、高加索地区和中亚地区长期合作的可能性一直是该智库的研究重点；该智库曾以此为主题在2008年4月7～12日组织相关智库在土耳其举行智库对话。该对话举行期间，在其网站上对于该次智库对话目的的阐释也体现其上述研究重点：“该次对话举行的目的，在于组织各地区和土耳其的有志于研究世界各国及土耳其政治、社会文化和经济发展的智库代表，在‘和平文明’的视角下共同建立相互之间联系合作的渠道，以进一步发挥以智库为核心的知识网络的作用。”该智库目前在中国、俄罗斯和美国都设有代表处。

2. 土耳其经济社会学院基金会

土耳其经济社会学院基金会（以下简称“TESEV”）是以保持独立及不追求盈利闻名的一家智库组织，其研究范围主要集中在政治结构方面。在其网页上，TESEV 对于自身的成立目的和发展方向做了如下阐释：“本基金会旨在为社会发展过程中遭遇的各种问题提供解决方案。本基金会坚持科学的态度和严谨的研究方法，致力于将学问研究同政治决策有机结合。”该智库的源头可追溯到 20 世纪 60 年代土耳其智库刚刚起步的阶段，而以 TESEV 的形式正式开始研究和咨政活动则始于 1994 年。其研究范围目前已经扩大到民主建设、良好的社会管理和外交政策制定等方面，其研究成果多以图书的形式进行出版。TESEV 的外交政策研究对象主要涉及欧盟、塞浦路斯、中东、亚美尼亚及各类民间组织合作；其研究方式也以会议讨论、定期刊物、报告和图书等方式呈现。由于 TESEV 对于开放社会、行政透明和民主进程持坚定的支持立场，其对于土耳其政府对信息和知识传播采取的安全化措施持批评的态度。

3. 马尔马拉集团战略和社会研究基金会

该基金会成立于 1985 年，其成立之初的宗旨是服务公共利益。该基金会每年都会组织欧亚经济峰会，并组织召开各类专题会议，会议主旨涉猎广泛，包括跨文化交流、性别平等、欧盟研究、可持续发展和公民社会等。该智库的产出主要是会议举办后出版的各类论文集，以及研究项目结项后出版的各类书刊。该智库的活动宗旨如下所述：“为维持国家和社会的可持续发展，需要研究民主进程、经济发展、国防安全等方面的专家学者集合在一起，共同制定相关的研究项目，并将研究结果公布给民众，提高民众对于国家发展进程的认知，为公共机构和私营行业提供解决问题的方案。”该基金会的主席是一位退休的军官，研究方向也是由该军官领导的学术委员会确定。

4. 蜜蜂集团

蜜蜂集团（Arı Grubu）的研究宗旨在于通过研究参与式民主、普世价值观和知识传播来形成一种全新的“社会认知”模式。该智库的基本目的有三个：形成基于科学知识的新观念，并开展有效的传播；对社会领袖（决策者和意见领袖）产生足够的影响；培养未来的社会领导者。该智库基于此目的对于其主要任务进行了如下界定：“培养土耳其年青一代对于参与式民主进程的热情；加强专业领域的研究院建设，推动社会和政治领域的知识进步和结构调整。”其研究方向主要涉及“社会和政治”、“年青一代”、“女性问题”和“国际关系”。该智库在“社会和政治”及“国际关系”领域有较好的研究传统，自1994年建立以来颇多建树。其每季度发行的《土耳其政治季刊》在国际上享有一定的声誉，被认为是同土耳其研究相关的重要参考资料。该智库设置主席、管理委员会和咨询委员会三个机构建制。在发行刊物以外，该智库也积极参与主持各种国际学术会议，例如，2007年6月在伊斯坦布尔举办的以“中亚地区的民主进程和安全”为主题的第9届国际安全会议，就是由该智库主持举行的。

5. 欧亚战略研究中心①

欧亚战略研究中心（以下简称“ASAM”）是依托《欧亚文件》杂志，由为该杂志撰稿的专家学者组织在一起形成的智库机构。该智库最初成立于1999年，以在土耳其建立和平、民主和繁荣的社会为宗旨。机构中常设主席、执行委员会、地区研究部门和专业研究部门等机构。ASAM的研究领域涉及政治、经济、社会现象、科技、人口统计、安全、法律和历史结构等。ASAM以扩大其研究范围为组织发展目标，曾经是土耳其建制最完善、拥有研究员最多的智库之一。该机构定期以土耳其语和英语出版杂志，编写各类书刊和研究报告，追踪和分析国内外舆情，并建设发展机构自身的数据库。ASAM对于涉及土耳其国家安全的诸多问题较为关注，比如塞浦路斯和亚美尼亚问题，并就这些问题在土耳其国内外召开了诸多会议。为彻底调查亚美尼亚种族屠杀问题，ASAM特别成立了亚美尼亚调查学院和反人类罪行调查研究院，收集和分析关于亚美尼亚事件的确凿证据。此外，对于欧洲和中亚各国的区域调查研究也是ASAM的工作重心，《欧亚文件》和《地缘经济和战略分析》杂志是ASAM区域调查研究的代表成果。ASAM研究员在区域政治问题方面也有颇多建树，以下是ASAM研究员编纂的较有影响力的书刊：《土耳其、伊拉克北部地区和库尔德工人党》《库尔德工人党：历史、意识形态及其统治》《伊朗：基于社会人类学的调查》《南高加索地区：社会人类学调查》《克里米亚—北高加索地区：社会人类学调查》《巴库—杰伊汗石油管道调研》。此外，ASAM也出版了

① 该智库于2009年解散。

为数不少的学术翻译作品。

6. 外交政策学院

外交政策学院是以研究外交政策和国际关系为主的智库。该机构最早成立于1974年，也属于土耳其国内成立较早的一批智库之一，鉴于成立之初的国际局势，该智库也是较早关注国家安全的智库之一。在过去的十几年内，该机构的研究范围由单纯的国家安全领域逐步扩展到同国家安全相关的国际和区域研究以及相关的政策战略制定研究。该机构目前得到了土耳其国际关系和战略研究基金会（Türkiye Uluslararası İlişkiler ve Stratejik Araştırmalar Vakfı）的大力支持，并且同土耳其国内外高校及学术机构建立了良好的合作关系。自成立之日起，外交政策学院就对同土耳其国家安全相关的国家和地区给予密切关注；欧盟、塞浦路斯、地中海周边国家和地区、巴尔干地区与高加索地区是其关注的重点。此外，对于土耳其外交政策的目标及政策应起到的效果，外交政策学院也有专职研究员予以关注。基于上述研究范围，该智库定期出版《外交政策》、《外交政策季刊》、《欧洲新闻选刊》及《欧洲议会人权法庭判决选刊》等刊物。

7. 自由思想联盟

自由思想联盟（以下简称“LDD”）成立于1994年，该智库的建立宗旨在于研究现代文明存续发展所依赖的各类思想基础，并将该种思想基础及其产生的背景和传统介绍到土耳其。根据其在官方网站上公布的目的，LDD立志于“理解和传播关于市场经济、种族、自由、人权、法律公正、和平、平等、宽容、民主等有助于维护民众安全、稳定和繁荣生活的现代价值观”。由于力主维护和传播自由主义价值观及思想，LDD在意识形态方面有较强的自由主义倾向。其定期刊物《自由思想》杂志及出版的相关图书都以传播自由主义意识形态闻名。关于其自由主义意识形态的倾向，LDD在其官方网站上也有一定的阐释：“自由思想联盟，希冀以符合自由主义价值观的方法来应对土耳其国家和社会中存在的基本问题，并在自由主义价值观的基础上来为政府制定公共政策提供建议。”该智库成员中，有着以穆斯塔法·埃尔多安（Mustafa Erdoğan）、阿提拉·亚依拉（Atilla Yayla）和依赫桑·达厄（İhsan Dağı）为首的土耳其自由主义思想先锋。该智库组织的各类学术会议以广泛参与为特点。为方便随时讨论，该智库还创立了“自由议餐”（hürriyet yemekleri）机制，方便智库成员及其他有意参与主题讨论的专家学者尽快融入 LDD 的自由主义讨论机制。通过其直属的自由出版社及其他出版社，LDD 目前已经出版 30 余本各类著作及译作。此外，通过智库开展的“言论自由”项目，各类思想作品翻译和政策评估报告也在不断被引入土耳其，为进一步扩大自由主义思想和价值观的影响力，LDD 也为有意学习和了解各类土耳其智库和民间组织提供的与自由主义思想及其历史相关的学习材料，并组织教育程序，来为土耳其的学者及民众普及自由主义、保守主义、社会主义、社会民主和民族主义等各类社会理论，以及法治、自由、宽容、人权等现代政治哲学中包含的基础概念。

8. 国际战略研究机构

国际战略研究机构（Uluslararası Stratejik Araştırma Kurumu，USAK）以土耳其国内政治及国际政治环境、经济、法律、社会科学和国家安全为研究领域。根据该智库官网，其为机构自身设定的任务是为国家及国际社会的和平稳定发展做出贡献，并为此同其他智库机构开展积极合作。具体而言，其运作目的是为公众提供客观及准确的信息，在公众以外，该机构也为各类公共和私人机构提供其所需要的信息收集和解读服务，如有必要，该机构也为个人提供智库信息服务。USAK 认为，土耳其的发展，对于世界和周边国家的发展都有益处，土耳其的和平发展和同周边地区的和谐共存，对于国家和民族都是有益且必要的趋势。其出版物主要集中在国际法律及政治、中亚研究与国家和国际安全方面，关于亚美尼亚问题的研究一直是 USAK 的关注重点，同时近年来其关于反恐的相关建议也见诸报端。智库机构中设置主席、学科委员会、地区研究机构等部门，USAK 有广泛的项目合作渠道，同土耳其高校相关专业的专家学者有着良好的合作关系。

9. 政治、经济和社会研究基金会

政治、经济和社会研究基金会（Siyaset，Ekonomi ve Toplum Araştırmaları Vakfı，SETA）以为国家、地区和国际问题的解决提供建议为运营目标。SETA 的主要研究领域集中在政治、经济和社会文化，将这些领域的研究成果应用到实际的社会问题解决过程中，是 SETA 学以致用、治学以经世的努力。在国内问题和国际问题的研究方面，SETA 主张从历史和文化的角度来看待问题的产生渊源，在此基础上分析问题现状的由来，并对未来处理相关问题提出有效的建议。智库机构建制方面，SETA 内部设有政治研究中心、外交政策中心、经济和社会研究中心以及法律和人权研究中心等，这些研究中心都由统一的研究协调中心负责管理、项目和资源调配。此外，SETA 在美国华盛顿也设有办公室，负责同美国智库及相关学术机构的沟通交流。由 SETA 承办的《洞察土耳其》（*Insight Turkey*）在土耳其外交政策类杂志中阅读量和被引量都名列前茅；关于伊朗、伊拉克和叙利亚的持续跟踪研究及相关报告在学界和政界也有一定的影响力。为了将研究成果更好地呈现给公众，SETA 的专家学者也同媒体传播机构建立了良好的关系，经常在电视节目中就国内国际问题发表本机构的研究观点。SETA 在自己的官方网站上阐释了知识传播对于社会和世界变革的重要作用，并认为进化中的知识观念对于社会和族群的有益构建与维护将产生积极的作用。文化的多元并不应成为冲突的理由，而应该视为一种重要且有价值的资源，SETA 也努力向土耳其和世界民众传播此种由知识和文化构成的多元价值观理念。在学术活动方面，SETA 组织的几次学术会议都获得了比较高的评价，比如“公民身份、安全和民主”“欧洲穆斯林调研”等会议。

10. 土耳其国民安全战略研究中心

土耳其国民安全战略研究中心（Türkiye Ulusal Güvenlik Stratejileri Araştırma Merkezi，TUSAM）[①] 由土耳其金属工会于 2004 年领导创建。该智库的目的在于产出关于土耳其国民安全的独立建议和思想，“学习全球领导力量的国家治理方法，努力开发国家人力和资源的潜力，在各平台上维护土耳其的国家利益，为国家的未来转型做出贡献”。TUSAM 的相关研究领域，涉及同土耳其有密切联系的“地区和全球政治、经济、社会、人口统计、技术、法律与历史等课题”。为满足这些广泛的研究需求，TUSAM 建立了 10 个地区研究中心、17 个专业领域研究中心以及 2 个常设工作组。TUSAM 最重要的出版物是作为《共和国报》免费副刊发行的《战略》杂志，由机构进行的战略分析会定期发布在该杂志上。《战略》杂志上大部分文章由机构内部专家撰写，但 TUSAM 也会邀请共同参与研究的机构外学者在杂志上撰文。此外，TUSAM 也在欧亚广播电视频道推出战略分析栏目，并为该频道的新闻中心提供关于外交和安全政策方面的信息。

① 该智库由于“Ergenekon 案”的影响于 2009 年 3 月关闭。

11. 全球战略学院/中东战略研究中心

全球战略学院（Global Strateji Enstitüsü）最早成立于1996年，由安卡拉的土库曼合作基金会[①]资助建立。该智库于2009年改制为现在的中东战略研究中心（Orta Doğu Stratejik Araştırmalar Merkezi，ORSAM）。全球战略学院的运营目标在于“为政治、军事、经济和社会政策的决策者们提供建议，为相关人员和机构提供可供参考的战略及思想”。ORSAM以各类语言出版其研究领域的相关杂志，包含其研究成果和政策评估的图书，其他根据决策者需要收集的信息汇总类图书，以及以会议及项目为基础形成的各类论文集等。其中，最重要的是每三个月出版一次的《全球杂志》，此外，在土库曼人中较为流行的《奥斯曼行省年报系列》[②] 也被ORSAM翻译成土耳其语提供给土耳其民众。该智库中设有中东研究中心、高加索研究中心、巴尔干和欧洲研究中心以及远东研究中心四个主要研究部门。

12. 经济发展基金会

经济发展基金会（以下简称“IKV”）是土耳其成立最早的一批智库之一，于1965年在伊斯坦布尔商会和伊斯坦布尔工业协会的联合资助下成立，“致力于收集土耳其商界和公众对于欧盟及土耳其—欧盟关系发展的信息”。除了在伊斯坦布尔的研究中心外，IKV还在布鲁塞尔建立了一个分支机构。成立至今，IKV组织了很多学术会议，并在土耳其国内外出版了不少颇具影响力的著述。IKV的主要研究领域集中在土耳其的经济和社会发展方面，并且对于土耳其同其他国家和地区尤其是欧盟在经济方面的合作给予高度关注。为实现自身的研究抱负，IKV启动了很多长期研究项目，其中最为著名的就是IKV自身的图书馆建设项目，该图书馆为土耳其国内最早以欧盟研究为目的建立的图书馆，也是欧盟在土耳其国内唯一的一个托管图书馆。该图书馆除了收录IKV自身的一些出版物之外，还收录了欧盟、经济合作与发展组织、联合国、国际货币基金组织、欧洲自由贸易联盟等诸多国际组织以及土耳其国内的一些著名公共组织关于欧盟的研究成果以及历年数据整理。基于这一图书馆的重要作

---

① 该基金会同居住在伊拉克的土库曼人组建的最大政党伊拉克土库曼阵线（Irak Türkmen Cephesi）关系密切。

② 该年报收录了过去隶属于奥斯曼土耳其帝国的各地区相关统计数据（比如人口、税收、作物产出等）。

用，IKV 在土耳其加入欧盟的过程中也发挥着相当重要的作用。

13. 学者战略研究中心

学者战略研究中心（Bilge Adamlar Stratejik Araştırmalar Merkezi，BILGESAM）是一个较为年轻的智库，成立于 2008 年，以独立且灵活的方式来运营其组织机构。BILGESAM 致力于“跟踪国内外形势，对于未来的发展进行分析并提供建议，对土耳其的双边及多边关系进行研究解读，对于土耳其的安全政策进行研究解读，关注土耳其国内政治、经济、技术、环境和社会文化，并用以上研究为决策者提供切实可行的问题解决方案、决策选项和可执行政策”。BILGESAM 根据全球研究、地区研究和专业领域研究将内部研究员分为三个主要研究组。BILGESAM“专注于分析世界权力大国的全球政策和同土耳其周边地区相关的政策，预测相关政策可能给世界和周边地区带来的演变，对于土耳其的地缘政治局势进行跟踪评估，并将评估的成果同全球化的观察视角进行融合，并以这种崭新的观察视角开展政策分析”。BILGESAM 的主要活动，包括“开展涉及土耳其双边和多边国际关系、国内政治、经济、技术、环境与社会文化方面的研究项目，组织专题培训课程、学术会议和论坛，为博士生和硕士生提供实习项目以培养更多的优秀研究者，同时为鼓励博士生和硕士生的研究为他们提供奖学金，发行报纸、报告书、杂志、图书等将智库的研究成果公布给民众，同时为保证内部学者间的交流定期刊发研究进度刊物”。BILGESAM 内部设有主席、学者委员会、合作方委员会、咨询和执行委员会。

14. 海因里希·伯尔基金会

海因里希·伯尔基金会（Heinrich Böll Vakfı），是最早建立于德国，以激进的政治改革倾向闻名的一个智库机构。该智库最早于 1994 年在土耳其建立分支机构。该智库鼓励和支持涉及民主进程、人权和少数民族权利保护、基于生态学的可持续发展研究、男女平等方面的研究。其本身的研究领域涉及“在民主化进程中所必需的各类研究、公民社会力量的增强和公民社会构建等”。该智库除进行上述研究外，也以基金会形式对其他组织和个人的相关主题研究给予支持，并为年轻学生提供专业实习的机会。该智库的主要出版物以英文为主，其中较有影响力的是《民主进程论丛》《社会生态学及国际政治》。

第二节　土耳其智库的现状与特点

一　土耳其智库现状

土耳其宪法的变更及相关法律（协会法和基金会法）的革新为民间组织的建立提供了法律上的保障，这些因素促进了土耳其智库在进入21世纪之后的迅速发展。目前土耳其关于智库建立的流程已经相当成熟。根据智库的结构、目的和运营方式，土耳其法律都做了明确的规定。在大学中建立的智库或者研究型学院需要由高等教育委员会（Yüksek Öğretim Kurumu）批准。在政府机构之外建立起来的智库机构基本上是以协会或者基金会形式组织建立的。根据新修订的协会法，相关的协会机构可以同国外机构建立合作关系，国外机构也可以在土耳其境内建立代表处，国外机构和个人也可以为土耳其境内的机构提供财政支持，该法案为土耳其国内智库的组织形式提供了更多新的可能。而基金会法的革新也为那些意图在日后扩大机构规模和研究领域的智库提供了除了协会之外的形式选择。在协会和基金会这两种组织形式之外，以正常的出版公司形式来运营的智库也不在少数。

目前来说，以基金会为组织形式的智库仍为少数。以基金会为组织形式的智库可以按照基金会法享受到税费减免方面的优惠，且日后其研究和活动领域也不会受到很大限制。基金会形式的智库在进行专业研究之外，同时可以为社会和政府提供教育服务、参与公益活动等。但以基金会形式进行活动的智库在享受上述便利的同时，也需要接受土耳其政府的基金会管理总局（Vakıflar Genel Müdürlüğü）的管理。因此，此类智库的独立性大受影响，因为按照基金会法和基金会管理总局的宗旨，基金会组织的成立目的是以公众利益为优先的，而基金会管理总局也会以是否服务于公众利益为准则来评估各基金会组织的运营情况，并确认是否给予各基金会组织继续运营的资格。税费减免方面的优惠情况也要取决于基金会管理总局对于基金会服务公众行为的评估，最后由部长委员会根据评估结果来发布具体的税费减免优惠政策。比如，如果智库机构在建立之后除了专门的学科研究之外，同时还准备涉足教育领域，如投资建立学校或者开设大学，则该机构在以基金会形式建立以后，基金会管理总局的具体评估机构在其建立起学校后，会以热心社会教育事业为理由，为其向管理总局申请税收减免优惠及其他鼓励政策。

在政府机构之外，或者在高等学府中建立的非官方智库，则一般是由专业领域的学者、政治家、退休官员或者社会活动家建立起来的。此类智库主要集中在土耳其两个最大的城市伊斯坦布尔和安卡拉。在其中活跃的专家除了相关领域的学者之外，很大一部分是从土耳其官僚体系中退休的官员（比如退休的大使或者军官），这些退休官员除进行研究之外也从事机构的管理和协调工作。此类智库机构中除了雇用上述学者和退休专家作为专职人员之外，为节省成本和最大化智库产出，也会以项目、聘任合同等形式雇用兼职研究人员。甚至有部分智库机构在保证有限的几个管理人员的基础上，通过智库管理者良好的社会关系经常性地雇用兼职人员来保证智库的产出，这也是此类智库在行业竞争中通过压缩成本有效提高行业初期竞争力的途径。之后，该类智库可以通过完成政府或者其他社会机构招标的研究项目，在项目中寻求有潜力和有意愿进入智库工作的人员，以项目来雇用人员，以此扩大智库的人员规模和产出能力，从而在智库行业中站稳脚跟。智库中的专职人员多数是以智库成立初期的研究目标为方向雇用的，短期专职研究人员则以智库接手的各类项目为方向进行短期聘任。除此之外，为在压缩成本的基础上保证产出，许多智库也会愿意雇用兼职研究员（按照周工作时间或者日工作时间计算报酬）。由于涉足专业研究领域，该类智库也会吸引很多大学在读学生以实习生身份参与项目研究，这也在一定程度上降低了智库的成本开支。在某些智库机构，实习生的数量可能达到专职研究员数量的 5 ~ 10 倍。

应该说，同其他发达国家及发展中国家相比，土耳其智库从数量和规模上来看还处于初期起步阶段。被 2014 年全球智库报告收录的土耳其智库目前有 31 家，在发展中国家中落后于尼日利亚（38）、肯尼亚（42）、孟加拉国（34）、乌克兰（45）和智利（36）；同发达国家相比则差距更大。有学者指出，虽然土耳其智库的起步同很多发展中国家一样都是在冷战后开始，但受到传统国家安全思维的影响，政府对于智库在国家安全中的作用的认识还不够全面，导致在 21 世纪之前从法律层面给予智库的保障比较缺乏。由此也导致包括智库建设所必需的资金和人力资源一直处于相当贫乏的状态。上文指出，很多智库在建设初期不得不依赖智库创立者曾经的良好人脉，以项目为基础来聘任短期研究员以满足智库生存发展的需求，同时也依靠雇用大量的实习生来进一步压缩人力成本。这些做法在压缩成本的同时，也凸显出智库作为一种稳定的工作职业在土耳其并不受到认可。有学者指出，目前在土耳其，智库学者虽然有“战略学者”、“分析家”、“政治分析家”、“外交政策专家”和“外交政策研究员”等各种名号，但这些并不能让智库学者成为一个受人承认的稳固职业，在智库长期从事行政管理工作的一般都是已退休的官员或者流动性较大的实习学生，而真正能做出有效产出的则很多是兼职的学者。应该说，智库学者作为公众利益和政府政策的观察者和建议者，其职业地位和专业功能应得到社会公众和国家职业认定部门的认可，从而从人才培养和保障机制方面给予更多的鼓励性政策，才能为智库机构的发展形成有效的人力资源储备和体系。

由于智库本身为非营利性机构，维持其正常运营主要依靠捐赠、研究项目资金和出版物收入。目前，土耳其的很多非官方智库还是要靠运营来自政府的项目以维持机构的正常运转，如果这其中还有政府给予的显性支持（直接的资金捐赠）和隐性支持（各类鼓励政策），那这些智库在资金上的独立性就值得商榷，其本身研究的独立性是否能够代表政府之外的民间声音就有待考证。这样，这些非官方智库和那些本身附属于政府的官方智库之间的差别就难以界定。当然也有另外的一部分智库得到了来自媒体集团和民间商会的资金支持，此类智库的研究则会较集中于某一专业领域。比如，土耳其经济政策研究基金会（Türkiye Ekonomi Politika Araştırma Vakfı）就得到了来自土耳其工商证券联合会（Türkiye Odalar ve Borsalar Birliği）的直接财政支持；土耳其国民安全战略研究中心则由土耳其金属业工会（Türk Metal Sendikası）支持；经济发展基金会也受到工商业界相关组织的支持。目前看来，受到工商业界或者工会支持的智库在财政结构方面更趋于稳定。鉴于这种财政上的稳定性，此类接受民间组织财政支持的智库在机构构成和运营方面也更为稳定。

除了政府和国内工商业组织的资金及项目支持，土耳其也有很多智库受到了国外机构的资金支持。受土耳其入欧进程影响，越来越多的欧洲智库和机构开始关注土耳其关于欧盟的各类政策，因此，此类国外机构的资金支持很大一部分来自欧盟。在直接的资金之外，欧盟也通过专门项目、长期项目（比如FP6、FP7①）、多边合作项目等方式向土耳其智库机构提供必要的资金支持。

① EU-FP6、EU-FP7项目指欧盟框架程序，其中FP6项目专门为构建欧盟和周边国家的技术创新研发合作环境服务，FP7项目则为受益于“欧洲睦邻政策”的各国提供技术创新的合作平台。

此外，很多活跃在欧盟和美国的智库机构在土耳其都设有代表处，方便建立合作关系，比如开放社会研究所（Açık Toplum Enstitüsü）、海因里希·伯尔基金会、腓特烈·瑙曼基金会（Friedrich Nauman Vakfı）、国家民主基金会（the National Endowment for Democracy）、国际私人企业中心（the Center for International Private Enterprise）、国际共和研究所（International Republican Institute）等。

二　智库组织形式和人员管理方式

1. 土耳其智库组织形式

20 世纪 60 年代和 80 年代土耳其相关法律的修订及协会法与基金会法的革新为民间组织的建立提供了法律上的保障，对于智库的结构、目的和运营方式，土耳其法律都做了明确的规定。政府在法律上的革新为智库的建立提供了各类形式上的可能性。较多的智库采用了基金会的形式，或者是由基金会直接建立起来的。比如作为土耳其顶尖智库之一的土耳其经济社会学院基金会、政治、经济和社会研究基金会以及外交政策学院等是直接以基金会形式组织建立的，全球战略学院/中东战略研究中心则是由土库曼合作基金会资助建立的。此外，协会和公司（以有限公司为主）也是智库组织常采用的形式：比如土耳其—亚洲战略研究中心和自由思想联盟就是以协会形式建立的，而学者战略研究中心则是以公司形式建立的。可以说，基金会、协会和公司是土耳其大部分非政府智库采用的组织形式，而且，为了达到运作方便的目的，很多智库创立者会同时采用上述三种组织形式中的两种，比如，以基金会形式和协会形式相结合，或者以协会形式和公司形式相结合。此种组织形式结合的目的在于，可以保证智库组织在法律框架内同时得到相关组织形式的优惠政策，在遭遇一种组织形式的法律限制时，采取另外一种组织形式来有效避免之。

采用基金会形式的智库，其研究领域比较广泛，并且也有意在基金会形式的法律框架下今后进一步扩大智库的附属机构，拓宽研究领域的同时加强不同领域的研究专业性。基金会形式的另一个好处是，智库在海外设立分支机构和代表处时可以享受更多的手续上的便利，为智库同国外智库的交流提供良好的保障。以 SETA 为例，作为选择基金会形式的智库之一，SETA 建立了不少附属研究机构，其管理者也对基金会模式的益处做了如下阐述：“建立基金会在组织形式方面可能较为复杂，需要构建完善的管理团队。但在运营资金及政府流程方面基金会形式可以享受不少的优惠。基金会属于法律规定的公民组织，可以享受一系列税收、预扣税和人员社保方面的优惠。智库以基金会形式建立以后，智库可以在基金会的组织形式下开展多种活动。比如开设学校、在海外建立代表处和联络办公室。如果是以协会形式建立智库，则上述活动需要分别申请建立不同的上层管理机构。考虑到我们智库今后将会不断扩大的研究和活动领域，基金会形式是比较符合我们发展预期的一种组织形式。"①

在土耳其运营的基金会也分为两种形式：一种是"关注公众权益的私人基金会"（kamu yararı gözeten özel vakıf），一种是普通的基金会。在上述列举的智库中，只有土耳其经济社会学院基金会是以私人基金会的形式来运作的。事实上，要采取这种看似独立性较强的私人基金会运营形式，在土耳其并非一件易事，目前在土耳其运行的大部分基金会都是普通基金会，只有极少数和土耳其经济社会学院基金会一样获准了私人基金会形式运行。据部分智库管理者透露，虽然很多基金会都是以关注公众权益为目的在运作，但只有通过了土耳其政府最高行政权力决策机关部长委员会的批准，基金会才可以使用"关注公众权益的私人基金会"形式。据此，也有智库管理者判断，采取此类运营形式的智库在作为民间机构的同时，同供职于政府的政治精英也建立了比较密切的联系。"作为独立运营的智库，我们接受捐赠的数额和来源都很少，因为从组织形式上来说我们不属于'关注公众权益的私人基金会'。即便有人愿意就研究资助我们，他们也享受不到任何税费上的减免，而我们接受的捐赠还要额外交税，因为我们没有取得这样一种'私人基金会'的运营形式。而这种基金会形式在我们看来是非常政治化的一种运作手段。比如，最近政府出台了关于农作物银行制度的研究项目，参与研究的智库可以享受税收减免，目前迈赫迈吉克基金会和海洋灯塔协会都参与了该项目研究，政府为海洋灯塔协会提供了税收减免保障，同时通过部长委员会决议，让迈赫迈吉克基金会同突厥世界研究基金会合并，让其获得以'私人基金会'形式运行的资格。这样，无论是捐赠方还是受赠方，都可以享有100%的免税政策，虽然表面看来这只是法律形式问题，但在我们看来这更是一种基本制度层面的矛盾。我们目前不采

① Aras, Bülent, Sule Toktaş, Ümit Kurt, *Araştırma Merkezlerinin Yükselişi: Türkiye'de Dış Politika ve Ulusal Güvenlik Kültürü*, Ankara: Pelin Ofset, p. 70.

用这种‘私人基金会’形式，以后也不会采用。”[①]

由此看来，基金会形式在给智库运营带来便利的同时，对于这种制度层面的运营形式背后可能存在的政治权力和知识的异化结合，智库管理者们也存在看法上的分歧。

此外，必须要承认的是，虽然基金会形式为智库运营提供了诸多方便，但其本身也要受到政府法律方面的约束。在制定了基金会法以作为管理基金会的基本约束工具后，土耳其政府建立了基金会管理总局对基金会进行统一管理。这一做法在保证基金会的规范化管理的同时，也给基金会自身的运作带来了过多的官僚程序负担。此外，基金会法对于基金会在成立时所必需的资金注入限制也导致很多智库在考虑机构建制时选择基金会以外的其他组织形式。

本节一开始提到的协会形式也是智库经常选择的组织形式之一，相较于基金会，在申请建立协会时所需的文件准备工作更少，运营过程中遭遇的官僚程序负担也不会很重，运营更为独立，组织机构建制更为灵活，同时可以通过收取会员费用来保证机构运作资金。但协会形式受到协会法制约，相较于基金会也有自身的缺点：第一点，协会不能像基金会一样享受税收减免；第二点，协会不具备独立经济体身份，不能开具发票，因此，以协会形式运作的智库不可以发行和出售图书、刊物。为改善这种情况，很多协会形式的智库同时也会成立有限出版公司，或者同出版公司签署协议，帮助发行图书、刊物。比如自由思想联盟就通过附属的出版公司来发行其编纂的各类杂志和图书。同时采用协会和有限公司形式的学者战略研究中心管理者对于智库采用的形式也有自己的看法，“在建立基金会之前，一个最为重要的因素就是确定有效的资金。而大量资金对于很多独立智库来说，在初始阶段是个难以解决的问题。另外，基金会在土耳其受到的监管是比较严格的，基金会法和基金会管理总局都为基金会设定了诸多约束。因此，我们考虑采用协会形式，这为我们独立开展研究活动提供了诸多便利。在土耳其加入欧盟的制度改革过程中，关于协会的管理规定上的修订也进一步为我们的独立研究提供了方便。现在我们可以更为方便地接受来自国外机构的帮助和指导，虽然此类帮助不能是资金方面的。过去虽然也可以接受国外机构的帮助，但需要很多烦琐的手续，从相关政府部门到递交给

---

① Aras, Bülent, Sule Toktaş, Ümit Kurt, *Araştırma Merkezlerinin Yükselişi: Türkiye'de Dış Politika ve Ulusal Güvenlik Kültürü*, p. 70.

银行的准备文件，牵涉协会管理委员会甚至是公共安全机关的各类手续。目前相关的手续都统一到内务部，在申请获取国外机构援助时，我们只需要同内务部下属的省政府沟通即可，这大大减少了我们的政府手续成本。在经济活动方面，作为协会我们不可以涉及任何的经济经营活动，但我们有附属的出版企业来负责书刊的出版工作。”①

海因里希·伯尔基金会曾因组织形式的法律手续问题，和其他在土耳其开设代表处的德国协会一起遭受国家安全法院的起诉。虽然此次起诉案件的审理结果判定海因里希·伯尔基金会无罪，该基金会也在2005年按照新的土耳其协会法进行了组织机构调整，以协会组织形式重组机构，并在2005年于土耳其重新设置代表处；但该基金会对于土耳其的协会管理制度中的官僚作风颇有微词，“在土耳其，内政部的官员可以在他们愿意的任何时段，对组织机构内部进行检查。在德国这是不可能的。2006年我们曾遭遇了10天的突击检查。他们审查了我们所有的文件。作为总部设在德国的机构，我们肯定会有文件和通信是用德文写成的，但这样也成了被罚款的借口。”②

2. 土耳其智库内部管理架构

不同的土耳其智库，基于上述不同的组织架构，会基于土耳其相关机构管理法律在内部设置不同的机构以保证智库正常运作。比如，以协会组织形式运营的智库，按照法律规定需要设置管理委员会/董事会作为最高管理机构；而以基金会形式运营的智库则需要设置诸如创建人团队、创建人委员会、联合协商委员会、执行委员会等组织；以有限公司形式运营的智库，则需要根据公司股权划分成立管理委员会/董事会和执行委员会/经理人团队。当然，附属于高等学府的一些智库，管理架构和方式同上述三种有明确机构管理法限定的智库会有一定不同，内部管理也多依赖学者组成的咨询委员会，该委员会通常由一部分选定的学者组成团队，审核智库成员提交的研究项目申请，对研究进度和研究成果报告予以评估。

在上述提及的不同智库的内部管理机构中，拥有最高行政权力的是“创

① Aras, Bülent, Sule Toktaş, Ümit Kurt, *Araştırma Merkezlerinin Yükselişi: Türkiye'de Dış Politika ve Ulusal Güvenlik Kültürü*, p. 71.

② Aras, Bülent, Sule Toktaş, Ümit Kurt, *Araştırma Merkezlerinin Yükselişi: Türkiye'de Dış Politika ve Ulusal Güvenlik Kültürü*, p. 72.

建人委员会”（即董事会、联合协商委员会，不同的智库也会有其他的称呼），该委员会的成员既是智库的创立者和最初研究思想奠基者，同时也负责保证智库运营的直接资金来源，他们既可能是智库草创时期的直接资助者，也可能是同智库资助者保持良好关系的管理者。中层管理机构则是执行/管理委员会，负责智库运营的各类决策研究计划及长远战略的制定等。基层管理机构则是负责日常研究活动，直接受执行委员会管理的各类具体机构，其名称可能为“咨询委员会”、“科研委员会”或者“专家委员会”等。下面列举了几位智库管理者对于其内部管理架构的一些阐述。

“我们智库设有一位首席咨询官、一位学术咨询官和一个学术成员委员会。这个学术成员委员会由各个领域的专家学者组成，我们尽量要保证该委员会的学科多元化，目前我们这个委员会大概有 20～22 位学者成员。”（引述自全球战略学院/中东战略研究中心的一位管理者）

“在我们的管理委员会中，有几位是已经退休的大使。政策制定总局局长（Siyaset Planlama Genel Müdürü，隶属于外交部）也是我们管理委员会的成员。我们同外交部建立了比较密切的联系。整个管理委员会的成员都是学术成员或者外交专家。进入管理委员会的候选人，也需要管理委员会成员推荐并通过评估。”（引述自外交政策学院的一位管理者）

“我们设有管理委员会。他们每周都要开会，讨论关于经济发展基金会的各类活动。管理委员会做出所有的重大决定。管理委员会的委员长对管理委员会负责，同时也有秘书长为委员长处理一些事务。管理委员会之下设有研究部、项目部和专家组。目前我们的专家组有 8 位专家。但很快就会增加到 10～12 人。”（引述自经济发展基金会的一位管理者）[①]

必须指出的是，部分智库也拥有自己独特的管理建制，土耳其经济社会学院基金会和学者战略研究中心对于自身的独特的管理建制进行了如下阐述。

“土耳其经济社会研究基金会自 1994 年成立至今，已经吸纳了 300 名成员进入创建人委员会。目前我们的这个机构有点类似于议会。所有的参与者都是自愿的。部分成员在草创时期给予了基金会重要的资金支持，现在他们已经不用持续为基金会提供资金支持了，我们的委员会成员也不用缴纳注册费用。因

① Aras, Bülent, Sule Toktaş, Ümit Kurt, *Araştırma Merkezlerinin Yükselişi: Türkiye'de Dış Politika ve Ulusal Güvenlik Kültürü*, p. 73.

为这种较为宽松的准入制度，我们的委员会成员有来自不同行业的人：有专栏作家，有经济学家，有退休的政治家、外交官和大使，有人权活动家，有工会主席，有企业家，等等。无论是持社会主义民主思想，抑或是自由主义民主思想，只要是对于智库发展能有所建树，我们都欢迎他们。在每两年一届的董事会上，我们选举出机构管理委员会的成员。管理委员会设置主席职位，也会有相应的项目管理人负责开展各个研究项目。项目管理人负责项目相关的资金联络、财务管理和成果出版事宜。此外，我们特别设立了高等咨询委员会，这个委员会的成员更多来自工商界，他们既为机构提供财力支持，也为机构提供必要的人力和课题资源支持。每年高等咨询委员会都会同基金会负责人会面，听取工作成果汇报，并给出一些机构发展建议。高等机构委员会的成员分为资助委员和非资助委员两类。资助委员需要承诺每年向机构捐赠一定的资金。”（引述自土耳其经济社会学院基金会管理者）

“我中心的最高管理机构为联合委员会，该委员会既负责整个机构的财务管理，也负责引导机构的发展方向。具体科研操作层面，我们设立了三个分支机构，分别是执行委员会、学者委员会和咨询委员会。执行委员会负责具体的科研工作开展，对机构各类具体工作进行决策，此类决策一般而言不受联合委员会的影响。就具体科研工作的开展而言，执行委员会在决策时需要考虑学者委员会的意见。我中心的研究目标是开拓土耳其国内相关研究的新领域，填补相关研究领域的空白。因此，我中心聘请了土耳其最受敬重的一批学者来担任学者委员会的成员，依靠他们的经验和知识来引导执行委员会的科研决策，以期我中心可以为国家安全做出更大的贡献。”（引述自学者战略研究中心管理者）①

从上述材料可以看出，土耳其智库机构的高等管理机构组成一般是比较多元的，除了专业领域的学者以外，国内商人、进出口领域的国际贸易商、工会组织领导者、官僚机构退休人员（一般是军官或者大使）都有可能进入智库机构参与高层管理工作。智库创建者的身份背景在一定程度上可能影响机构最高决策层的组成结构，比如全球战略学院/中东战略研究中心、学者战略研究中心、外交政策学院等更愿意聘请军队退休的官员作为顾问；而土耳其经济社

① Aras, Bülent, Sule Toktaş, Ümit Kurt, *Araştırma Merkezlerinin Yükselişi: Türkiye'de Dış Politika ve Ulusal Güvenlik Kültürü*, p. 74.

会学院基金会和自由思想联盟等智库则更愿意聘请一些民间专家作为高级顾问。

在高等管理机构之下，各智库为保证日常科研工作的开展一般都会按照研究领域、研究地区来设立执行机构（这些机构可能被称为委员会，也可能被称为学院）。一般而言，此类机构多按照地区划分，开展针对亚洲、非洲、欧洲、中东等地区的区域研究，可以说，区域研究成为划分各智库内部专家的科研分界标准。当然，在区域研究之外，也有智库以问题为导向开展研究，诸如亚美尼亚问题、塞浦路斯问题、人权、国际安全、外交政策、民主化、移民问题、各类自然资源处理和保护等问题。相关智库也可能根据上述问题来组织专家团队开展研究。也有部分智库综合了区域研究和问题导向两种方式来组织研究团队。土耳其国民安全战略研究中心和全球战略学院/中东战略研究中心的负责人在提及研究团队组建时进行了这样的表述。

"我们有技术战略课题团队，也有经济问题和劳工问题团队。此外我们还有近东—高加索地区、巴尔干地区、中东地区、欧盟和土耳其研究团队。"（引述自土耳其国民安全战略研究中心管理者）

"我们设置了4个研究团队：中东地区研究、欧盟和巴尔干地区研究、中亚—高加索地区研究和亚太地区研究。"（引述自全球战略学院/中东战略研究中心管理者）①

部分智库在土耳其境内及国外也设有分支机构，以土耳其—亚洲战略研究中心为例，该智库除了伊斯坦布尔总部之外，在安卡拉设有分部，此外还在中国、俄罗斯和美国设有代表处。对于这样的分支机构设置，其管理者进行了这样的解释："这样的选择并非出于偶然，美中俄三个大国在世界上都有举足轻重的地位。在国外设置代表处，搜集当地的一手信息，可以开阔我们的研究视野。其实我们已不满足于仅仅在这三个国家设置机构，目前我们还计划在高加索、巴尔干、非洲和中亚地区也设置代表处，这只是时间上的问题了。"

此外，以欧盟和欧洲作为研究重心的国际战略研究机构、经济发展基金会和蜜蜂集团等也在欧洲委员会总部所在的布鲁塞尔设立了代表处。此类代表处的设立，也可以看出土耳其智库在发展过程中，逐步将研究的视域扩展到国

① Aras, Bülent, Sule Toktaş, Ümit Kurt, *Araştırma Merkezlerinin Yükselişi: Türkiye'de Dış Politika ve Ulusal Güvenlik Kültürü*, p. 75.

外，并认识到第一手资料对于研究可信度的良好支撑。

在智库中，为协调资源，保证科研工作的专门开展，一般都设有专门的主席职位，负责整个智库的运营。该主席职位一般由拥有良好学术背景的学者出任，依靠其学术经验及在学术界的人脉关系，保证整个智库机构的平稳运行；但也有智库聘用从官僚机构退休的大使和军官或者记者和商人来作为机构主席的。考虑到智库主席需要处理诸如资金筹措、人员招聘管理、媒体沟通、机构预算制定和分析、项目评估、同上层决策机构沟通等诸多事项，因此，某种程度上来说，其管理能力也是判断能否胜任主席一职的重要标准。然而，作为智库的具体事项管理者，其学术能力和知识储备仍是成为智库主席的先决条件。

智库机构中的常驻研究人员是智库产出的重要来源，在上述土耳其智库中，大部分的研究和行政管理人员为 20 ~ 40 岁。其中专职研究员最多的智库是土耳其—亚洲战略研究中心①，约有 50 人。拥有 20 ~ 25 名专职研究员的智库已经算是规模比较大的智库了。一般规模的智库则聘有 7 ~ 8 名专职研究员。专职研究员一般都毕业于国际关系或者社会学专业，学历一般为硕士或博士，大部分研究员都有在学校继续从事学术研究的志向，但苦于学校不能提供足够满意的职位转而来到智库机构就职。智库的人事招聘一般经由内部推荐后面试录取，也有少部分通过发布公开招聘通告进行筛选。经过面试后，智库机构一般还会再次同申请人的推荐方（通常是申请人就读学校的导师，在研究机构实习时共事过的同事等）沟通确认，方才同申请人签订协议。在这里也简要总结一下签署协议时申请人得到的薪资待遇：博士学历以下但完成四年大学学业的申请人，其工资待遇一般高于国立大学助教（一般为国立大学助教的 1.5 倍），但低于私立大学的助教（一般私立大学助教的月工资为 1000 美元左右）。已获得博士学位，但因在大学无法得到相应的学术职位或教学岗位，或对于学校的待遇感到不满转而前往智库机构就职的申请人将获得相对更高的待遇。除此之外，也有部分考虑进入外交部、内政部、总理府、总参谋部等国家部委机构的年轻学者为寻求锻炼机会主动来到智库机构谋求兼职或者实习工作，以接触最新的信息和研究方法。还有部分研究生阶段的学生主动来智库进行实习交流，这两部分年轻人也成为智库运营和产出的有效资源。土耳其国民

① 彼时土耳其—亚洲战略研究中心得到了来自土耳其最大食品生产商 Ulker Grubu 的大力支持。

安全战略研究中心的负责人对于其人员构成管理有如下阐释："目前我们每个月都会接纳新的实习生。每名有志向在我们这里工作的年轻人都会获得一个月的培训，我们会在这段时间评估他们的表现，当然我们更希望录取那些从好学校毕业的优秀学生。一般而言，我们更注重学生的绩点。仅仅一个月时间，我们光在安卡拉就已经收到了将近500份实习申请。伊斯坦布尔那边的申请应该也不少。由于我们的总部在安卡拉，我们会更多地考虑来自安卡拉本地的申请。土耳其政府目前亟须关于国际关系的优秀研究成果。每年大约也有近千名的学生从国际关系专业毕业，他们的去向也很确定：外交部、高等院校，还有一部分肯定是要进入智库的。智库在为他们提供一份职业的同时，对于他们提高学养也有帮助。我们也接受推荐来的研究员，但就未来发展而言，优秀的应届毕业生是我们更倾向录取的人才。"①

在智库工作的专家和管理人员流动性较强，很少有专家学者和工作人员长期供职于一个固定智库。鉴于土耳其智库行业起步较晚，行业规模未见成型，较强的人员流动性也同土耳其智库行业的现状比较契合。目前在土耳其鲜有超过20年发展历史的智库。即便在2000年之后智库数量大幅增加，但在综合考量智库规模、能力及土耳其国内的政治局势的前提下，笔者对于土耳其智库将来的发展前景仍然持有疑虑。同样，身处智库行业之中的专家学者及工作人员对于这一行业的未来也无法给予准确的判断，"智库学者"这一职业似乎在他们看来无法成为一项稳定的且有发展前景的职业。由于智库管理者无法给予众多学者一个稳定的职业前景规划，在智库工作的专家学者，尤其是还有发展潜力和目标的年轻学者也不得不为自己的职业前景进行规划，因此，土耳其智库行业中由于各类因素而频繁跳槽的状况比比皆是。跳槽的理由可以是其他智库提供了更好的工资待遇，也可以是在高校寻求到稳定的教职岗位，或者是通过了国家公务员考试可以进入国家公共部门工作。学者战略研究中心的管理者对目前智库面临的人才流动问题做出了如下评价："一般在智库工作的人员都很难想象自己能在这里获得一个稳定的职业前景，因为在土耳其的大部分智库机构建制并不稳定，也无法向工作人员提供足够的职业保障。在国外，智库学者同高校教职人员的无缝转换已经形成较好的机制。我既可以是学校老师，也可

① Aras, Bülent, Sule Toktaş, Ümit Kurt, *Araştırma Merkezlerinin Yükselişi: Türkiye'de Dış Politika ve Ulusal Güvenlik Kültürü*, p. 77.

以是智库学者。此外，智库学者在我国也未获得足够的重视。国外的优秀智库学者有较高的曝光率，经常可以上电视节目引导舆论、参与国家政治事件的讨论。我们的学者虽也有这样的机会，但相较于智库学者的名号，人们更看重诸如大学教授或者副教授的权威。在这样的社会环境下，智库学者们也更倾向于考虑在智库工作一段时间后前往高校，或者直接前往国外智库以争取稳定且名誉度更高的职位。”①

上述人员流动性也促使智库管理者力图依靠本机构自身的资源来培养研究者。对于耗费了大量人力、物力和时间培养出来的优秀学者，智库机构自然不想让他们流入官僚体系、高校及其他竞争智库中。但行业本身的不稳定性，依然会影响智库培养研究者的职业前景选择，也有部分智库管理者对于研究者培养及人员流动给机构维持带来的困难提出了自己的看法。

“自 2004 年建立智库机构以来，我们一开始考虑组建 100 人左右的研究者团队，但在开始相关的招募和培养工作之后，我们才发现这样人数的团队组建工作难度超出我们的预估！目前我们每个月大概仍会接受 15 ~ 20 名实习生，这其中也有来自国外的申请者，从中考察是否有适合从事智库研究事业的优秀人才，不过这 15 ~ 20 人中大概也只有 1 名会进入我们最后的审查程序。每年我们都会收到很多的入职申请，我们都要很仔细地审查。按照刚才提到的情况，为了筛选出 15 名可能合格的申请人，我们通常要考察 100 ~ 150 人。而这 15 名申请人中，如我刚才提到的，也只能进入我们最后的审查程序而已，这其中我们还要淘汰更多人，最后也许我们只能从 150 名申请者中录取 1 名而已。而且，为了避免同其他智库产生不必要的恶性竞争，我们也不录取来自其他智库机构的申请人。毕竟，整体来看，土耳其智库行业的人才储备是相当稀缺的。入职的研究者在我们这里并不追求官僚体系中的仕途升迁，但对于努力工作的研究员，我们会尽我们最大的努力提供给他们最好的资源，期望他们能安心在我们这里工作。对于我们这个行业来说，时间是尤其宝贵的，如果考虑到一个优秀研究者的培养周期的话。”（引述自国际战略研究机构管理者）

“我们会努力按照我们的模式培养在我们这里工作的每个人。在其他机构工作过的研究者很难适应我们的工作模式。所以，我们几乎都是通过自己的投

① Aras, Bülent, Sule Toktaş, Ümit Kurt, *Araştırma Merkezlerinin Yükselişi: Türkiye'de Dış Politika ve Ulusal Güvenlik Kültürü*, p. 78.

资来培养我们需要的研究者。可以说，我们自己培养的都是优秀的研究者，如果看到这样的研究者因为市场上其他机构和行业的优厚条件而跳槽，对于我们而言是令人沮丧的。”（引述自自由思想联盟管理者）①

虽然有管理者对于土耳其智库目前存在的较频繁的人员流动状况感到不满，但也有管理者提出，目前的人员流动对于整个行业的发展是有利的。有管理者提出，部分智库自身培养人员被竞争智库机构挖走，本身说明行业市场对该智库培养的人才的认可，同时也能将该智库的学术积累和观点分享到行业中的其他智库中。以下是对人员流动做出正面评价的几位管理者观点。

“我个人对于本机构发生的人才流失是感到忧伤的。毕竟我们认为，智库的一个重要功能就是培养合格的研究者。甚至我们也将智库的人才培养功能，看成对于国家公务员系统、大学教职岗位所需人才的一个有力补充。从这个功能角度来看，我们应该以积极的心态来看待这种行业中和跨行业的人才流动，毕竟这些人才会将我们的观点和工作模式带去他们新就职的地方，从某种程度上，扩大了我们的影响力的同时也让我们同其他机构和行业建立了新的联系。从长期发展角度来看，这种人才流动对我们来说应该是有好处的。”（引述自学者战略研究中心管理者）

“我们智库的任务是培养熟悉欧盟和土耳其关系的专家，我们坚持认为，这样的人才可以在任何地方工作，如私人企业、民间机构、国家机关等。重要的是，他们在各个机构的工作，都会为土耳其欧盟关系的研究带来新的启发和研究素材。”（引述自经济发展基金会管理者）

“我们每年都会收到很多申请。但本着宁缺毋滥的原则，我们都是严格筛选符合标准的研究人员。不过人员流失也是在所难免的。但对于我们来说，曾经由我们培养的人才在哪里工作并不是那么重要。重要的是他们能找到适合他们工作的地方，而我们对他们的培养也确实能为他们工作的单位带来一定的益处。”（引述自土耳其—亚洲战略研究中心管理者）②

综上所述，土耳其智库管理者对于自身人力资源的建设较为重视，基本上

① Aras, Bülent, Sule Toktaş, Ümit Kurt, *Araştırma Merkezlerinin Yükselişi: Türkiye'de Dış Politika ve Ulusal Güvenlik Kültürü*, p. 78.

② Aras, Bülent, Sule Toktaş, Ümit Kurt, *Araştırma Merkezlerinin Yükselişi: Türkiye'de Dış Politika ve Ulusal Güvenlik Kültürü*, p. 79.

每个智库都设置了一套严格的筛选机制，同时对于录取的人员也会投入极大的精力和时间进行培养。因此，由土耳其智库行业发展状况造成的较频繁人员流动对于任何智库机构来说都是一种损失，但人员流动带来的观点及影响力传播，从长期角度来说却又可能为各智库机构及整个智库行业的发展提供创造更好的内部交流机制的机会。

3. 土耳其智库资金规模分类及来源

从目前收集的智库相关资料来看，按照其资金及预算规模可以分为三个等级。

①高等水平预算（超过100万美元）；

②中等水平预算（25万美元至100万美元）；

③低等水平预算（5万美元至25万美元）。

各智库依靠的资金来源大致有以下几类：国内外捐赠、项目收入（比如欧盟、土耳其科学和技术研究机构、突厥国家合作及协作署等机构招标的调研项目）、咨询服务、来自私人公司的捐款、会员费、通过出版各类图书和杂志获取的收入等。此外，由于成立的背景各有不同，各个智库机构也有自身特别的运作资金来源，比如外交部特别项目（外交政策学院）、土库曼合作基金会（全球战略学院/中东战略研究中心）、国外协会资助（海因里希·伯尔基金会）、国外奖学金项目招标（自由思想联盟）等。

4. 土耳其智库间的合作及竞争状况

目前而言，土耳其国内的智库机构相互之间不存在太多的合作关系，从收集的信息来看，大部分土耳其智库机构的研究工作基本是独立开展的，也不存在信息沟通机制。因此，土耳其智库机构的格局依然是竞争压倒合作，在争取资金支持和发布咨政报告等方面，各智库机构之间的竞争往往非常激烈。但问题在于，目前土耳其智库机构之间的竞争并不存在可以依据的相关法律条例，也没有相关的机制用于协调各机构之间的竞争关系。一般而言，目前智库之间根据专家人数多少来划分等级。欧亚战略研究中心的管理者认为，虽然智库产出的质量和数量同专家数量并不成正比关系，但在土耳其，目前智库专家的数量依然会被认为是评判智库质量的一个重要指标。

智库之间另外一个重要的竞争领域在于同官方机构建立畅通的联系渠道，以便尽早获得最新的信息以及获取相关资助。在进行调研的前期阶段，从各类公共和私人机构收集信息，尤其是外交政策和安全领域的各类信息（此类信息属于政府严格管控的信息，一般智库机构很难获取），对于智库开展全面分析至关重要。应该说，部分土耳其智库通过为政府机构提供咨政报告等方式获得了良好的信息渠道，在开展调研工作时其信息获取渠道较为畅通；而另一部分智库则由于意识形态等问题同执政政府保持一定的距离，从而加大了它们获取某些敏感领域信息的难度，影响其报告的产出速度和质量。应该说，从智库本身的性质来讲，非官方智库应该保持其一定的独立性。然而鉴于土耳其政府严格管控关键信息的安全，使得部分与政府意识形态不同的非官方智库无法获取较为全面的信息，一定程度上对其本身的产出质量及整个土耳其的智库间竞争格局造成了负面影响。蜜蜂集团某位管理者曾就该问题表达不满。该管理者表示，作为土耳其国内第一批关注国家安全领域的非官方智库，目前由于意识形态方面的差别，已经无法参与到土耳其总参谋部举行的日常安全会议中，这对于智库的发展和公平竞争来讲是不利的。

必须注意的是，智库之间开展竞争的目的是开展更多的研究活动以贡献更好的思想产品，用于支持政府政策的制定及执行，获得资金支持和信息渠道都是围绕这一目的展开的。因此，参与政策制定过程成为各智库相互竞争的最终场域。

“智库之间的竞争，以外交政策制定领域来说，就是在政策制定过程中更多地以思想产品去影响决策机构，最终的目标，是希望外交政策在形成过程中看到属于我们智库自己的东西。达成这样的目标才是我们最大的成就，欧亚战略研究中心一直在外交政策及国际关系领域开展长期调研工作，我们自然希望外交部及其官员能够认可我们的努力。”（引述自欧亚战略研究中心管理者）①

目前在外交政策领域各智库竞争最为激烈的无疑是关于土耳其的欧盟成员申请过程讨论。1999 年大地震后希腊政府主动和土耳其政府共同组建联合救灾部队拉近了两国关系，同年的赫尔辛基峰会上欧盟也批准了土耳其的候选成员国身份，这都使得土耳其国内智库对于土国入欧问题极为关心，相关讨论主要围绕以下问题展开：入欧过程中的法律条款修正，法律改革，来自欧盟的投

① Aras, Bülent, Sule Toktaş, Ümit Kurt, *Araştırma Merkezlerinin Yükselişi: Türkiye'de Dış Politika ve Ulusal Güvenlik Kültürü*, p. 90.

资增加带来的经济增长机会，加入欧盟后土耳其开放程度的提高，市民社会的进一步发展，民主政治发展的可能性，等等。当然，在部分智库（以蜜蜂集团、海因里希·伯尔基金会和自由思想联盟为代表）从全球化、国家开放程度、民主改革等角度看好土耳其入欧进程时，另外一部分智库（以土耳其国民安全战略研究中心为代表）则从民族主义、国家主权等角度看，认为入欧并不是一件好事。两派智库观点逐渐分化，尤其自 2001 年起执政至今的正义与发展党上台之后，民族主义观点在政界逐步抬头，同时各类媒体和民间组织也加入了关于入欧的讨论，以上因素进一步推动两派智库观点走向对立。以下简要引述各派智库的代表性观点。

“土耳其的民主化，公共机构的民主政治进程中的改革，民众的政治参与度，政治进程的透明化，要完成这些民主社会构建所必需的步骤，我们只有越来越多地融入这个世界。目前对我们而言，最重要的就是加入欧盟。土耳其经济社会学院基金会支持土耳其加入欧盟。”（引述自土耳其经济社会学院基金会学者）

“加入欧盟，毫无疑问对于土耳其来说是一项大工程。（如果我们今天不为这一进程努力，）我们的后辈将来有一天终会问我们，为什么你们当时放弃了这样一个机会。土耳其人民就白白浪费了这么一段时间吗？现在不断有欧盟的代表团来到土耳其，我们也经常有机会同他们会面。”（引述自马尔马拉集团战略和社会研究基金会学者）

“我们一直关注着同欧盟关系的最新发展状况，因此我们的研究目前也集中在如何改善同欧盟的关系上。”（引述自经济发展基金会学者）

“土耳其的入欧进程引发了不少的讨论，而且入欧进程中关于国家法律权力的判定，以及边境管理方案的改革等诸多问题也成为目前智库学者中比较流行的讨论话题。可以说，关于欧盟成员身份的讨论已经影响了土耳其智库界的研究方向。随着这种讨论的开展，我们认为，土耳其智库的视野也同时得到了开拓，学者们将以更加多元及思辨的角度来审视我们同世界和国际社会的接触，我们也确实从这一讨论中学到了更多的东西。”（引述自自由思想联盟学者）

“作为智库，我们应更多地着眼于土耳其本身的国家利益及统一，世俗及现有的民主结构。关于土耳其的欧盟身份我们的想法也是明确的，我们只关心

同土耳其国家利益切实相关的一面，我们认为，这才是我们智库努力工作的方向。”（引述自土耳其国民安全战略研究中心学者）

5. 土耳其智库面临的困难

目前正处于发展中的土耳其智库行业和土耳其智库也面临着各种各样的困难。部分智库认为，由于土耳其社会中对于民间机构和公民组织持有一种固有的偏见，智库的工作成果难以得到承认，这种偏见主要是来源于对于作为民间机构的智库所得到的资金支持。自由思想联盟和土耳其经济社会学院基金会表示它们均受到此种偏见的负面影响。自由思想联盟同开放社会研究所[①]及民主支持基金[②]保持了良好的合作关系，而土耳其经济社会研究基金会也接受开放社会研究所的资金支持。然而，即便这种资金支持和合作关系是合法合规的，由于上述社会偏见的存在，两家智库的某些研究成果不能得到相应的承认和采纳。土耳其经济社会学院基金会的相关负责人对此问题表达了关切。

“土耳其社会往往将非官方的社团组织想象成一种类似于会员制俱乐部的机构，这导致他们对此类组织的声音往往不太信任。（虽然有人讨厌索罗斯）但我本人并不反对索罗斯在土耳其对于智库机构的投资。除了我们之外，还有其他接受索罗斯投资的基金会。但人们就是一股脑地认为索罗斯不好，同他有牵连的组织也不做好事，在我看来这种认识太狭隘了。仅仅因为相关机构得到了索罗斯的支持，就认为他们的研究成果毫无价值，这也太武断了。即便是从法理上来考虑，索罗斯先生给予土耳其有关基金会的支持都是合法的，都是取得内政部审批的。据我们了解，相关资金支持总计超过 200 万美金。仅仅因为这样一笔正常的研究基金支持就不承认我们的研究成果，实在让人难以接受”。[③]

此外，土耳其缺乏细致的公民组织管理法案，尤其在关于智库这一特殊行业方面没有专门的法律可以依据，虽然如前所述，智库可以按照民间组织相关法律规定的形式来自行选择，但毕竟这些组织形式同智库的功能和运作并非完

---

① 即“Open Society Institute”，美国金融家乔治·索罗斯创立的机构，在教育、媒体、公共卫生、人权、经济和社会发展等诸多领域都有投资。

② 即“National Endowment for Democracy”，私人非营利组织，旨在支持全球民主思想研究机构的发展。

③ Aras, Bülent, Sule Toktaş, Ümit Kurt, *Araştırma Merkezlerinin Yükselişi: Türkiye'de Dış Politika ve Ulusal Güvenlik Kültürü*, p. 110.

全吻合。

“按照民间组织相关法律，作为智库我们固然可以选择协会、基金会和公司三种形式。但以协会形式来运作的智库毕竟同普通的协会组织又有不同。公司形式需要按照相关商贸法案来管理运营，基金会形式除了受到专门的基金会管理法案约束外，其准入资本门槛也很高。但事实上就智库的组织运营情况来看，相关法案的条款并不是那么适合，我们认为对于智库的组建和运营还是需要专门的法案规定。”（引述自国际战略研究机构管理者）①

除了上述两点外，诸多智库机构也列举了在日常运营和开展科研项目时遇到的其他困难：缺乏必要的资金投入，缺乏良好的民间组织传统，大众不了解智库、对于智库的作用缺乏正确认识，政府同民间智库之间缺乏良好的沟通和咨政议政机制，目前在土耳其智库行业缺乏有效的行业内和跨行业合作，缺乏有效的人力资源及人才培养机制。

第三节　土耳其智库对于外交政策的影响

一　土耳其智库研究领域

土耳其智库研究讨论最多的课题为国际关系以及涉及国家安全领域的一系列分课题（譬如，群体性暴力事件、恐怖主义、国内安全、国际安全、能源安全、边境安全、经济安全及食品安全等），但除上述两项之外，智库研究也涉及以下各领域：少数民族、人权、民主、身份认同、跨文化对话、可持续发展、世俗化政策、阿拉维派权利讨论、头巾法案、库尔德问题、环境污染、言论自由、教育和公民组织发展。按照区域合作及冲突研究维度来划分，则相关智库的研究涉及塞浦路斯、欧盟、伊拉克北部地区、中亚、中东、跨欧亚地区、巴尔干地区、亚洲国家、非洲国家、黑海地区、跨大西洋地区、邻国关系处理（主要涉及亚美尼亚、格鲁吉亚、伊拉克、伊朗和希腊）等。通过简要的智库研究主题梳理，我们也可以发现，智库涉及外交政策的领域是非常宽泛的，诸如国际关系研究、各类安全问题、地区问题研究几乎囊括了土耳其外交

① Aras, Bülent, Sule Toktaş, Ümit Kurt, *Araştırma Merkezlerinin Yükselişi: Türkiye'de Dış Politika ve Ulusal Güvenlik Kültürü*, p. 110.

政策制定中的方方面面。

相关研究的成果展现形式一般有举行主题会议、开办工作坊、举办研讨会、专著及论文发表、主题刊物及科研杂志编纂，学者以通过广播、电视及新媒体发声为主。在开展研究工作论证及讨论的过程中，智库也会尽可能多地邀请私人企业主、媒体记者、国外智库专家、国家公务员、军官、工会领袖等国家和社会代表人士参与讨论，多渠道地获得全面信息及多元观点。

二　土耳其智库研究目标

正如上文所指出的，促进政治知识化，将政治本体构建成知识，使知识成为大众可了解之物，“帮助人们跨越政治同知识之间的鸿沟”，这些是学者们对智库角色功能的最基本定位。土耳其智库的工作目标也基本遵循学者们对于智库功能目标的定义。

一方面，由于现代社会的复杂性和知识专业化，政策制定者无法掌握有关决策所需要的信息和专门知识，同时，由于现代公共决策的时效性，决策者不可能在很短的时间内对有关政策问题进行深入的研究；另一方面，作为相关领域研究者和知识生产者的学术界本身具有相对独立性，他们所关注的问题和理论旨趣与作为知识的实践者的政府存在较大的差距，政治家往往缺少时间和必要的专业知识及学术背景来阅读与了解专业研究文献。所以，在知识和权力、理论与实践、学术界和政府之间存在巨大的鸿沟，智库正是作为弥补这一鸿沟的媒介机构而产生的。一般而言，智库研究人员大多数接受过系统的学术训练，在某个研究领域具有很高的学术造诣，并与学术界保持紧密联系，能够随时获得相关领域的最新资讯，把握该领域的最新研究动态；同时，智库也满足了政府在咨政议政方面的需求，在政府政策制定的过程中，智库将那些产生于象牙塔中的复杂政策理论分析进行简洁化和通俗化，并同政府所需了解的实际社会情况进行结合，得出分析结论，为政府官员提供一种简明易读的政策简讯和信息。[1] 在实际的政策评估阶段，智库客观及时的发声起了知识证实[2]及宣

① Abelson D. E. , *Do Think Tanks Matters Assessing the Impact of Public Policy Institutes*, London: McGill Queen's University Press, 2002.

② Christina Boswell, “The Political Functions of Expert Knowledge and Legitimation in European Union Immigration Policy,” *Journal of European Public Policy*, Vol. 15, No. 4, 2008, pp. 471 -472.

传普及功能。前一功能是针对执行政策的政府而言，为其已执行的政策提供合法化的理论依据，帮助官僚机构有效解释特定的政策，通过学界理论的简明阐释政治主张的合理性，进而为决策手段及执行过程的合法化提供理论依据；后一功能则往往在政策执行后，通过现代传媒技术将智库的声音普及给精英和广泛大众，帮助精英和大众深入了解公共议题。

土耳其智库学者对于智库的知识转换及传播功能也有自己的认识，“我们需要认识到的是，一般大学生产的知识并不能直接应用于实践中，同时大学也不具备足够的渠道传播这样的知识。如果大学生产的知识仅仅作为一种无法直接应用到实际问题解决的理论工具的话，这是非常遗憾的社会资源损失。而智库的产生正是要解决这一问题，作为解读并传播知识的媒介，智库将发挥重要的桥梁功能。”（引述自土耳其—亚洲战略研究中心管理者）①

具体而言，土耳其智库主要以实现以下几个目标开展自身的工作。

①帮助政府制定政策，为政府政策制定提供必要的信息参考，预估政策执行后可能产生的效果，最大化政策的合理性。

②帮助政府评估政策，为改进现有政策提供合理建议，同时为已执行政策背书，提供有效理论依据。

③为政府及其他机构储备高级管理人才，结合目标①及目标②不断完善政府的政策制定机制和决策机制。

④向媒体提供最新的公众议题信息，为民众理性参政议政提供有效信息，维护国家的民主政治。

土耳其各智库学者对于智库的上述目标也有自己的阐释。

“为何要建立智库，为何要进入学术界？我们需要时常这样反问自己。问题的答案也很简单明了，就是管理这个世界。将理性的思维应用于这个世界的实际管理规则之中，通过理性的思维来塑造这个世界。如果我们的思想不能被用来塑造这个世界，那我们的工作是没有意义的。作为智库，思想产品是我们唯一和有效的产出。而思想产品，是必须要为民族和国家服务的。作为智库，我们应该有作为国家的大脑的自觉。”（引述自国际战略研究机构学者）

“智库学者做什么呢，做个这样的比喻好了，如果将制定政策比作烹饪菜

① Aras, Bülent, Sule Toktaş, Ümit Kurt, *Araştırma Merkezlerinin Yükselişi: Türkiye'de Dış Politika ve Ulusal Güvenlik Kültürü*, p. 81.

肴，那么智库学者就是在菜品里加入调料和香料的大厨。如果欧亚战略研究中心的调研报告能够被外交部采纳，这是值得我们高兴的事。我们很乐于向外交部和驻外大使建言献策，构建良好的沟通渠道。”（引述自欧亚战略研究中心学者）

“只要能为土耳其的政策制定指明方向，我想我们的工作就是成功的。”（引述自学者战略研究中心学者）

“我们的目标，一方面帮助我国政府制定合理的政策，另一方面是影响同我国利益密切相关的其他地区的国家政府做出有利于我国的决策。”（引述自全球战略学院/中东战略研究中心学者）

“将学术知识解读给政策执行者并给予建议，同时向大众传播正确的知识。”（引述自土耳其政治经济社会研究基金会学者）

“于我们而言，引导民众的思想和舆论，为推动民主政治做出贡献才是最重要的。”（引述自自由思想联盟学者）①

三　土耳其智库选题过程

一般而言，在符合智库自身政治和道德价值取向的前提下，土耳其智库在研究课题制定过程中大致分为机制化审定和灵活选题两种模式。以外交政策学院、欧亚战略研究中心、土耳其—亚洲战略研究中心及土耳其国民安全战略研究中心为代表的智库形成了依靠机制来审定和选择研究课题的传统。

“（研究课题）一般由管理委员会进行评估，管理委员会认为该课题合适，那我们就会组织人员开展调研工作。”（引述自外交政策学院管理者）

“大部分学术研究事宜由专门的副主席决定。同时副主席在决定之前也需要同人力资源部、进度跟踪及评估部、出版部等诸多机构进行沟通，确保项目开展所需的资源协调。重大学术项目的启动则需要副主席汇报给智库主席再做决定。”（引述自欧亚战略研究中心管理者）

“我们明年的研究项目计划一般在今年就都由管理委员会决定好了。”（引述自土耳其—亚洲战略研究中心管理者）

“我们内部有专门的咨询团队，管理委员会一般在决定研究课题之前都会同咨询团队沟通，之后再行决定。”（引述自土耳其国民安全战略研究中心管

① Aras, Bülent, Sule Toktaş, Ümit Kurt, *Araştırma Merkezlerinin Yükselişi: Türkiye'de Dış Politika ve Ulusal Güvenlik Kültürü*, p. 82.

理者）

以土耳其政治、经济和社会研究基金会和海因里希·伯尔基金会为代表的智库则愿意采取更为灵活的课题选定程序。

“我们有一套灵活的选题程序。除了赞助人委员会的建议之外，同机构相关的协调方的建议我们也需要考虑。研究主题并不限定于目前人们都在做的研究，我们更乐于发掘一些目前没人在做，但对国家和社会有利的研究主题。鉴于此，我们开展的很多研究项目是目前土耳其没人在做的。”（引述自政治、经济和社会研究基金会管理者）

“我们会接受机构学者提交的各类项目申请并予以评估，比如，有新书需要进行评述，有新的会议论文集需要讨论，有新的政治演说需要评估，只要我们发现其中的亮点，我们就可能予以通过，但我们更多地会指出申请中的不足，并同项目申请人一起讨论，决定最后的项目执行形式。”（引述自海因里希·伯尔基金会管理者）①

四 土耳其智库研究成果受众

智库产品的目标受众主要为普通大众和政府决策机构。如何向目标受众传递信息，也涉及智库如何将知识转化为可读性较强的报告。比如，传递给公众的智库产品应力求简明，让公众能够在最短的时间内了解到智库所从事的各类研究基本信息；而直接呈递给政府官员、党派领袖、国家部门决策者的各类报告则要在简单易读的基础上，全面融入相关理论观点并予以评析，帮助决策者正确应对局势、做出判断。各智库机构对于自身的目标受众一般定位比较明确，这也在一定程度上影响其研究重心。

“满足国家行政机构的信息需求是我们的主要目标，在一些日常的行政决策相关报告之外，我们还提供一些国外的材料，力求开拓决策者的视野。”（引述自学者战略研究中心管理者）

“我们主要的工作是进一步向国外机构和大众解读外交部的相关政策。作为民间机构，我们需要发挥我们的舆论影响力，使得土耳其的外交政策能够得到世界主要国家政府及民众的理解。”（引述自外交政策学院管理者）

---

① Aras, Bülent, Sule Toktaş, Ümit Kurt, *Araştırma Merkezlerinin Yükselişi: Türkiye'de Dış Politika ve Ulusal Güvenlik Kültürü*, p. 83.

“我们对于我们的英文出版物《土耳其周刊》的读者群体进行过细致分析。一般而言，政府官员、议员、媒体从业人员以及军方人员对刊物内容比较感兴趣，我们将他们定位为我们的产品受众。”（引述自国际战略研究机构管理者）

“我们认为我们的观点应该影响尽量多的人，普通大众是我们的目标受众。”（引述自土耳其国民安全战略研究中心管理者）

“我们的某些报告虽然要呈递给商会成员，但大部分报告我们还是公开给普通民众来阅读。”（引述自经济发展基金会管理者）

“我们的目标受众很明确，就是在校大学生。”（引述自蜜蜂集团管理者）

“我们的目标受众是年轻人，主要是在校大学生和刚刚开始工作的年轻人，他们应该接受更多更新的思想。”（引述自由思想联盟管理者）①

五　土耳其智库对于土耳其外交政策制定主要因素的认识及影响案例

目前而言，土耳其智库在关注全球化下的外交政策的同时，对于同周边邻国在各领域的关系构建也非常重视。同伊拉克、伊朗、叙利亚、以色列、高加索地区国家、中东地区其他国家在边境安全、共同反恐、能源合作、军事合作等方面的探讨往往是影响土耳其外交政策的重要组成部分，同时也是智库关注的焦点。智库往往需要在这些焦点问题上集中资源进行研究，以便及时发布相关报告，参与国家外交政策以及安全政策的制定过程，为政府部门提供意见。

全球化因素在土耳其外交政策制定中影响的权重越来越大，涉及的问题越来越多，目前也成为土耳其智库研究的重点问题，全球化中的国家主体地位，全球化进程中土耳其和北约的关系，土耳其入欧进程及土耳其同美国尤其是同美国大中东战略的关系，是土耳其在全球化进程中制定政策所必须面对的三个主要方面。而众多智库参与土耳其外交政策制定的落脚点也正在这三个方面。

1. 土耳其同北约的关系

以学者战略研究中心为代表的部分土耳其智库认为，在全球化形成的多极化世界格局中，北约的作用和存在意义已大不如前，目前土耳其无论是处理欧盟问题还是伊拉克问题都不再需要依赖北约。作为一个不再如冷战时期那样团结紧密的组织，甚至有部分学者提出“冷战结束了，我们也不再需要北约”

---

① Aras, Bülent, Sule Toktaş, Ümit Kurt, *Araştırma Merkezlerinin Yükselişi: Türkiye'de Dış Politika ve Ulusal Güvenlik Kültürü*, p. 84

这样的极端观点。经济发展基金会学者就认为，土耳其的外交安全目前并不依赖北约，甚至在某些情况下，北约的立场可能为身为成员国的土耳其带来威胁。“从格鲁吉亚的危机我们可以发现，北约的立场会招致（来自俄罗斯的）威胁。也许我们在处理同俄罗斯关系的时候，现在不能仅仅关注北约一个组织的立场。”土耳其—亚洲战略研究中心以及国际战略研究机构学者也持类似观点。

但大部分的土耳其智库依然认为，在新的国际形势下，北约组织内部也在顺应形势发生着改变，土耳其在北约成员内部逐步提高的地位，对于土耳其在协调同俄罗斯关系、维护土耳其同地区邻国（尤其是希腊和保加利亚）关系以及配合美国参与全球反恐行动有着积极的意义。

蜜蜂集团的学者认为北约成员的身份对于土耳其依然意义重大：“‘9·11’事件后，美国主导下的北约逐步演变为对抗全球极端伊斯兰主义的一个组织。这一转变对于土耳其外交政策和国家安全的影响是巨大的。而在处理同俄罗斯关系方面，北约成员国的身份及北约组织的内部信息于土耳其而言依然意义重大。”（引述自蜜蜂集团学者）①

土耳其经济社会学院基金会学者则认为，土耳其的外交政策深受美国影响，脱离北约意味着土耳其将站在美国的对立面，这对于现在的土耳其来讲是不可行的。政治经济研究基金会学者认为，北约虽然没有了过去的地位，但是其作为联合军事组织的存在对于土耳其来讲并非没有意义，土耳其可以通过其现在的发展继续谋求在北约内部更大的话语权。外交政策学院的专家则认为，北约目前经历的内部变革以及目前同俄罗斯达成的稳定关系，对于土耳其继续维持同俄罗斯的友好关系意义依然重大。全球战略学院/中东战略研究中心学者则认为，土耳其的北约成员国地位有助于土耳其维持同其西境接壤邻国（保加利亚和希腊）的良好关系：“希腊和保加利亚对于我们都不是威胁了，对于我国来说，西边和北边都不再是大的威胁。我们更应注重维持同东边邻国的关系，共同打击非法偷渡、有组织犯罪、恐怖组织等以维护我国东边国境线的安全。”②

① Aras, Bülent, Sule Toktaş, Ümit Kurt, *Araştırma Merkezlerinin Yükselişi: Türkiye'de Dış Politika ve Ulusal Güvenlik Kültürü*, p. 151.

② Aras, Bülent, Sule Toktaş, Ümit Kurt, *Araştırma Merkezlerinin Yükselişi: Türkiye'de Dış Politika ve Ulusal Güvenlik Kültürü*, p. 153.

2. 土耳其的入欧进程及全球化

部分土耳其智库学者认为目前土耳其的入欧进程是国家融入全球化进程的重要环节，他们更倾向于将入欧和全球化结合在一起讨论，而土耳其智库对于入欧进程及全球化的认识在某些程度上也影响着土耳其外交政策的制定。综合而言，土耳其智库对于全球化的认识分为以下四类。

以学者战略研究中心为代表的部分智库认为，在融入全球化的过程中，民族国家将让渡一部分国家主权，并通过此类国家主权的让渡同他国结成更为紧密的国际组织，共担风险，共享利益。该中心学者认为，随着入欧谈判的深入，涉及原先国家外交政策制定的某些方面，比如，同伊朗和叙利亚的关系、同伊拉克北部库尔德自治区的关系、同亚美尼亚的关系等都可能受到来自欧盟的更大压力，但这种压力是在加入欧盟的过程中必须处理好的。

不同于学者战略研究中心的观点，土耳其—亚洲战略研究中心学者认为，全球化将推动国家内部民主政治的发展，民族国家将在全球化中扮演更重要的角色，在处理同周边国家的外交关系时，取得新发展的民族国家应发挥更加积极主动的作用。中东战略研究中心学者也持类似观点，他们认为，全球化和欧盟国家的内部管理模式充分说明目前国际交往中求同存异原则的重要性，而能充分认识到这点的土耳其将取得国际交往中的主动地位。欧亚战略研究中心也认为，之前欧盟的东扩战略从某种意义上效仿了过去北约造成的同俄罗斯对抗局面，从而引发了一系列不必要的矛盾和冲突，土耳其应在入欧谈判中更为积极地展示目前土耳其同俄罗斯维系的良好关系，在欧盟国家同俄罗斯的合作中牵线搭桥。

政治、经济和社会研究基金会的专家则提醒，全球化带来的影响，入欧进程开启和经济全球化带来的新影响可能会引起土耳其军方（Türk Silah Kuvvetleri，TSK）的反应，从国外资本流入到欧盟要求的少数民族权利，都可能触动军方维护国家政治经济安全的敏感神经，考虑到目前军方在政府外交政策制定中仍有一定影响力，军方对于全球化及入欧的态度和意见可能对于外交进程与政策的制定造成影响。

国际战略研究机构也提醒，全球化人口流动造成的人口买卖、跨国犯罪、毒品交易、国际电信诈骗、商品走私、武器走私、黑钱转移等各类非法行为会给各国安全政策和外交政策的制定带来新的难题，打击这些危害各国的犯罪行为需要参与全球化的所有国家共同协商，形成机制。这对于土耳其外交政策的制定也是一个新的课题。

3. 土耳其同美国关系（主要是美国的大中东战略）

谈及土美关系，大部分智库都会提到美国的大中东战略，但大部分土耳其智库对于该战略的结果表示不满。蜜蜂集团、土耳其经济社会学院基金会及经济发展基金会均认为该战略不仅没有为地区的稳定与和平提供保障，反而引发了更大的混乱，对包括土耳其在内的地区国家造成了更大的威胁，在一定程度上迫使土耳其不得不重新考虑地区外交政策。

土耳其—亚洲战略研究中心学者则认为，土耳其由于同美国的关系在大中东战略中也扮演了参与者的角色，这使得地区国家对土耳其在该地区的对外政策产生了一定的疑问。该学者认为，土耳其在将来制定外交政策尤其是关乎邻国的外交政策过程中，务必要考虑美国曾经实施的这一战略造成的不良影响。自由思想联盟学者更认为，虽然土耳其和美国为同处北约内部的战略伙伴，但在外交政策上两国政府的理念并不相同，土耳其政府在外交政策制定过程中不应盲从美国政府。政治、经济和社会研究基金会学者也认为，美国的大中东战略与土耳其国家利益并不相符，伊拉克北部的高度自治将影响土耳其东南部安全，土耳其应同美国政府就土耳其的外交政策及地区利益交换意见，确认两国之间在中东地区中不存在外交政策方面的冲突。其他诸多土耳其智库也基本上持类似观点。

4. 土耳其智库为政府外交政策提供建议实例

欧亚战略研究中心曾在 2008 年接到时任土耳其外长及土耳其入欧谈判首席协调官阿里·巴巴詹的要求，请他们对与同欧盟法原则相关的土耳其国民程序草案（2008 年版）给予意见。

“我们收到了来自阿里·巴巴詹阁下的信件。根据阿里·巴巴詹阁下的要求，我们需要对土耳其国民程序草案进行解读，并对该草案给出意见和观点。阿里·巴巴詹阁下在咨询其他在野党派关于该草案意见时，对于智库行业的意见也是比较看重的。”

作为土耳其最早开展欧盟和欧洲国家研究的智库之一，经济发展基金会在土耳其入欧谈判过程中充分发挥其在布鲁塞尔设立的代表处优势，同欧盟代表及欧洲委员会内部的党派及议员代表进行交流，为土耳其政府决策提供了必要的信息支持。在土耳其政府起草第 9 个经济发展计划期间，经济发展基金会充分发挥其经济信息跟踪和收集能力，对于欧盟的经济和财政发展状况进行了充分的评估，很好地将相关内容整理成土耳其经济发展计划的补充。

“政府在起草第 9 个发展计划的时候，特地聘请了我们的学者参加经济专家委员会的工作。而第 9 个发展计划的大部分内容就是由经济专家委员会拟定的，我们的学者在其中起了积极的作用。”

除了在经济领域发挥作用，经济发展委员会还联合其他民间组织共同发起倡议，建议土耳其政府在同欧盟谈判期间通过欧盟要求的欧洲人权协议附件条款 6[①]：“我们（就通过这一附件条款）召集了超过 300 个民间组织，召开了共计 7 次研讨会，对条款的内容及影响进行了详细的说明。这些研讨会 2 次在布鲁塞尔召开，5 次在土耳其，其中 2 次在伊斯坦布尔。我们希望通过这些会议的声明来废除土耳其的死刑。召集民间组织和主办研讨会的，都是我们经济发展基金会。”（引述自经济发展基金会管理者）[②]

六　土耳其思想库对与邻国关系的认识及政策制定影响案例

1. 库尔德问题及对伊拉克外交判断

目前而言，对于土耳其在中东地区政策影响最大的莫过于库尔德问题。无论是伊拉克乱局之后，伊北部地区库尔德人自治区的建立及自治逐渐高度化，还是叙利亚 2011 年动乱至今在土耳其边境线发生的各方博弈，库尔德问题始终是土耳其政府在制定对中东国家外交政策时最优先考虑的问题。其实参考土耳其政府多年来同库尔德工人党武装作战的历史，我们亦不难发现，这一问题从内政及外交两个维度上不停地在影响土耳其政策制定者的选择。而智库对于库尔德问题及伊拉克北部库尔德自治区的讨论，无疑是政府政策制定的一大助力。

以学者战略研究中心为代表的一派智库对于伊拉克北部库尔德自治区可能带来的负面影响表示乐观。该派学者认为，土耳其内部的库尔德人对于独立的领土要求及分裂国家的意愿不甚强烈，即便库尔德人真的在伊拉克北部建立自

---

① 该条款主要涉及在国家战争及遭受战争威胁情况下，应废止死刑。

② Aras, Bülent, Sule Toktaş, Ümit Kurt, *Araştırma Merkezlerinin Yükselişi: Türkiye'de Dış Politika ve Ulusal Güvenlik Kültürü*, p. 93.

治政府，土耳其政府只要在外交上采取较为平和的手段，同伊北部自治政府建立在经济商贸和教育等领域的合作，给予一定支持，就不会伤害到国内库尔德人的民族情绪，亦不会影响其政治选择。土耳其经济社会学院基金会学者持类似观点，他们认为，伊拉克北部库尔德自治区政府一旦建立，为维持自身的自治权利，将主动向土耳其政府示好；而土耳其国内的库尔德人，考虑到近年来土耳其经济增长给他们带来的福利，单纯由民族情绪驱动脱离土耳其的可能性也是很小的。自由思想联盟的学者观点更为中立，认为土耳其在伊北部库尔德自治政府的建立上不应过度表态，而应尊重当地人民的选择，彰显土耳其民主国家的政治身份的同时照顾国内库尔德人的民族情绪，“我们应该明白，在当地的库尔德民族组织有为他们自己的政治抉择做主的权利，考虑到我国内部依然生活着大量库尔德人，（我们不应过分干涉或表态）引起我国内部库尔德居民的不满。伊拉克北部应该建立一个隶属于国家的自治政府抑或是完全独立的库尔德国家，这应该是当地人民自主的选择。作为政府，应在尊重其自主选择的基础上考量外交政策制定中的利与弊。”

蜜蜂集团学者则对于伊北部库尔德自治区的建立表示担忧，该学者表示，虽然近年来土耳其的经济增长确实也给国内库尔德人聚居区带来不少好处，但以伊拉克北部库尔德自治区建立为发端，涉及周边数个国家（包括叙利亚、伊朗和土耳其）的大库尔德斯坦民族运动也有可能产生一定的辐射效应，对于国家稳定和统一产生一定的威胁。因此，土耳其政府应特别加强同伊拉克中央政府关于此问题的沟通。

土耳其—亚洲战略研究中心的学者也持类似观点。他们认为，土耳其边境线上出现的库尔德人独立政府是需要土耳其政府从国家安全角度仔细考虑的，不管是对外安全还是对内安全，该政府的出现都将产生一定的影响。在同该自治政府建立良好关系的前提下，土耳其政府也应对境内的库尔德民族实施进一步的安抚政策。中东战略研究中心学者也在充分论证叙利亚和伊朗境内的库尔德民族可能和伊拉克的库尔德自治政府产生联动的可能性后，认为该自治政府的建立，最可能对土耳其的内部稳定造成威胁，目前土耳其依然没能处理好内部的库尔德问题，因此需要在外交上同伊北部库尔德自治政府进行沟通，并优先处理好国内的库尔德人问题。国际战略研究机构学者也认为在同伊北部库尔德自治政府建立良好关系的基础上，应积极同境内库尔德人组织维持良好关系。

2. 伊朗核问题

自伊朗核问题出现以来，土耳其智库学者对于该问题一直以来都较为关注。学者们普遍认为，伊朗核问题既涉及地区安全稳定，也直接影响全球战略力量平衡及和平。土耳其—亚洲战略研究中心的学者认为，土耳其和伊朗近年来经贸及政治关系发展平稳，两国达成有效的战略平衡；但伊朗核问题的存在为两国战略平衡蒙上阴影。学者战略研究中心专家则认为，土耳其应同其他国际组织共同努力，促成伊朗核能源的和平利用，并发挥作为地区国家的监督作用。欧亚战略研究中心学者则认为，伊朗并不具备研发核武器的能力和意愿，但以美国为首的西方国家一再执行的制裁措施反而可能使得伊朗认为自身安全受到威胁，而采取较为极端的做法，于地区和平稳定不利，土耳其应同伊朗维持目前良好的双边关系。国际战略研究组织的学者则认为，土耳其和伊朗作为地区重要的力量，两国的竞争趋势大于合作关系，在核能发展问题上，土耳其政府应加大力度，确保在伊朗之前实现自主核能利用技术。

3. 亚美尼亚问题

基于土耳其同亚美尼亚的历史遗留问题及在土耳其国内生活的亚美尼亚少数族裔，土耳其同亚美尼亚关系微妙。大部分智库学者从两国关系的内容、涉及维度及两国关系对于国家内政的影响出发考察土耳其对亚美尼亚的外交关系建构。

学者战略研究中心学者认为，考虑到目前国内留存的少数族裔同过去土耳其不光彩历史的关系，在如何对待国内亚美尼亚少数族裔问题上，土耳其政府面临内政和外交的双重压力。因此，该智库学者高度评价了时任总统阿卜杜拉·居尔借双方国家足球队比赛开展的正式访问。他们认为，此举为两国人民的正常交往指明了方向，为两国政府开诚布公地调查历史问题、开放共同边界区域打下了良好的基础。此外，该智库学者建议，应充分调动民间资源，推动以商带政，通过促进两国民间商贸往来，甚至可以鼓励阿塞拜疆民间商贸资源参与进来，共同打造两国甚至三国互通互动的自由商贸区域，通过自下而上的动力，推动土耳其公众正确认识土耳其与亚美尼亚的关系及此种关系逐步正常化给国家带来的益处。

蜜蜂集团学者认为，作为邻国，土耳其与亚美尼亚关系迟迟得不到改善，对于双方来讲，无论是从政治还是经济来说，都是一个双输的局面。该学者认为，两国关系正常化必然带来的是一个双赢的局面。该智库学者同样高度评价了居尔总统进行的足球外交，认为两国外交部门应在此基础之上尽快建立健全对话机制。该学者同时指出，目前土耳其政府有意促成建立多边协商机制来共同处理土亚边境界定及调查澄清亚美尼亚种族灭绝事件，然而亚美尼亚政府对此表示反对，双方的对话机制应围绕上述主题开展，务必使亚美尼亚政府认识到上述两个问题在改善双方外交关系方面的重要性。另外，该学者指出，土耳其民众在对待亚美尼亚关系时不可避免带有保守及民族主义的倾向，当两国关系出现紧张时，过激的民族情绪往往容易造成民众对于亚美尼亚少数族裔的冲击，从而在土耳其内政外交维度形成外交—内政—外交的往复恶性循环。该学者对于这种过激的民族主义情绪及历史上的种族清洗事件的影响进行了如下总结："我们必须警惕可能破坏两国关系的民族主义趋向。在土耳其的邻国外交领域，与亚美尼亚关系和关于种族清洗事件的澄清一直是导致土耳其外交政策的难题。同亚美尼亚政府及我国境内亚美尼亚少数族裔的关系，时常会导致我国政府遭受来自美国、欧盟等重要国家及国际组织的压力。"①

土耳其经济社会学院基金会有关学者认为，应该从历时和共时两个维度来考虑目前的土耳其与亚美尼亚关系。其一是历时的，亚美尼亚种族清洗问题。该基金会学者认为，土耳其政府目前仍应更多地展现出力图调查和澄清该问题的决心，以便达成同亚美尼亚政府的和解，并澄清目前国内的亚美尼亚少数族裔是否同那次种族清洗有任何关系。对于这一问题，该学者建议，土耳其政府应该开放更多的资源，围绕这一问题构建开放和民主的讨论氛围，一方面有助于吸纳更多的民间力量和资源，促成人们对于事件真相的逐步了解，另一方面这种反省历史的态度也会为旅居土耳其的亚美尼亚少数族裔提供足够的信任感。其二是共时的，即目前同亚美尼亚政府的关系改善，这一问题更多集中在边境开放制度及两国关系正常化。土耳其政府有必要认识到，亚美尼亚政府和民众从发展经济角度出发，迫切需要同邻国发展互惠贸易，因此，边境开放及往来正常化应该是双方政府在改善外交关系中必要的议题。

经济发展基金会学者认为，土耳其与亚美尼亚关系在近几年的新发展是让

① Aras, Bülent, Sule Toktaş, Ümit Kurt, *Araştırma Merkezlerinin Yükselişi: Türkiye'de Dış Politika ve Ulusal Güvenlik Kültürü*, p. 155.

人欣喜的，同亚美尼亚关系的改善，标志着土耳其公众对于亚美尼亚态度的转变，也为土耳其东安纳托利亚地区各省边境开放和经济发展提供了契机。

土耳其—亚洲战略研究中心学者认为，在冷静和理智处理双方关系的前提下，双方政府应认识到双边关系的发展带来的政治和经济效益是长期且稳固的，对于解决历史遗留问题也有正面效用，但这种努力应该是长效的、机制化的。土耳其政府应目光长远，相关政党在考虑双方关系时，不应从寻求短期政治资源出发，错误地利用双边关系做文章煽动民族情绪，这样的做法只能继续令国内的亚美尼亚少数族裔感到不安。

自由民主联盟学者认为，双边关系的发展应首先着重于商贸和文化领域，政治关系的恢复和种族清洗事件的澄清是非常困难和复杂的工作，应该在基于自由贸易和文化交流的基础上，逐步开展；政治领袖和政党目前首要的工作是改善土耳其民众对于两国关系正常化的看法，正确发挥大众媒体的作用，实现对民众观点的正确引导。

全球战略学院/中东战略研究中心学者则对于两国关系正常化提出了不同观点。该学者认为，亚美尼亚对土耳其并不能构成威胁，双方目前的焦点在于种族清洗事件的澄清以及可能出现的边界争议，双方的关系应得到改善。但该学者还指出，在上述两个问题未能得到妥善解决前，外交关系的正常化只是空想；亚美尼亚政府必须放弃对于土耳其的种族清洗指控，并且不再抱持不合理的领土要求，只有这样双方才有改善关系的可能，"对于这样一个曾经指控土耳其，觊觎土耳其的领土并侵略过我们的突厥兄弟（阿塞拜疆）的国家，我们不应在其面前表现软弱以求谈判。"①

欧亚战略研究中心学者同全球战略学院/中东战略中心学者持类似观点。该学者认为，双方关系的正常化是有条件的：其一，亚美尼亚政府必须放弃不真实的种族清洗指控；其二，为解决同阿塞拜疆的历史纠纷，亚美尼亚政府也应该主动践行之前的承诺。在亚美尼亚政府未实现上述条件前，土耳其政府不应主动向亚美尼亚示好。该学者认为，双边关系正常化，受益更多的是亚美尼

① Aras, Bülent, Sule Toktaş, Ümit Kurt, *Araştırma Merkezlerinin Yükselişi: Türkiye'de Dış Politika ve Ulusal Güvenlik Kültürü*, p. 156.

亚；同时，政府主动示好的态度，容易被部分民众认为是软弱的表现，[①] 认为政府表现软弱的部分民众可能会产生过度的民族主义情绪，容易引起国内包括亚美尼亚在内的少数族裔的不安。

4. 土耳其同希腊关系及塞浦路斯问题

土耳其同希腊的现代关系缘起于1920年的《塞夫尔条约》和1923年的《洛桑条约》，之后两国关系又受到70年代塞浦路斯危机的影响。土国内智库对于希腊问题的看法往往也同塞浦路斯结合在一起，主要关注点包括：如何评价现在的土耳其—希腊关系；希腊对土耳其是否还有威胁，这种威胁是否发生了改变；塞浦路斯对于国际安全有怎样的影响；塞浦路斯问题对土耳其的内政外交有怎样的影响。

学者研究中心的专家认为，基于土耳其在入欧方面的努力，目前希腊和土耳其之间并不存在特别严重的问题，政府也没有必要把希腊看成特别的威胁；但旅居希腊的土耳其族裔民众是政府必须关注的焦点，他们的诉求将对土耳其与希腊关系产生很大影响。在塞浦路斯问题上，学者研究中心的专家认为，过激的民族主义情绪对解决该问题毫无意义，只能使这个问题走入死胡同；塞浦路斯的地缘政治重要性对于土耳其的国家安全至关重要，同时亦影响希腊和英国的外交政策走向。

土耳其经济社会学院基金会有关学者认为，目前以希腊为代表的大部分邻国对于土耳其的国家安全并不构成绝对的威胁，真正的威胁是来自土耳其国内的民族主义情绪——这种情绪容易使部分民众基于历史和现实的因素将邻国认定为威胁。该学者指出，塞浦路斯问题仍是两国关系进一步改善的关键，土耳其政府应该意识到，希腊目前的欧盟成员国身份对于土耳其的入欧谈判是有帮助的。对于如何解决塞浦路斯问题，该学者指出，土耳其政府应依据相关国际公约，从外交手段上寻求和平谈判途径，消除可能产生的国家安全威胁——这种安全威胁并非来自邻国本身——该学者强调，而是来自各种可预见的外交关系恶化。

土耳其—亚洲战略研究中心学者认为，两国政府在建构新型外交政策时，应该摒弃过去的冷战思维，任何将对方国家视为威胁的思维都是20世纪冷战

① 根据该学者的陈述，土耳其民众在亚美尼亚问题上呈现两极分化的态势：部分认为应该主动向亚美尼亚人民道歉，部分则认为国家不应为从未犯下的错误道歉。

思维的产物，最近几年两国邦交的逐步正常化是土希双方政府基于平等互惠的外交思维努力的结果。但在塞浦路斯问题上，该智库相关学者认为，土耳其政府目前践行的政策虽然符合国际公约，但于土耳其国家利益而言是有一定损害的，土耳其政府应在发展北塞浦路斯社会经济的基础上，进一步动用国际和地区政治资源，为本国在塞浦路斯问题上争取更多的合法利益。

土耳其政治经济社会研究基金会专家以为，希腊对土耳其国家安全并不构成任何威胁，两国关系的发展进程更多集中于塞浦路斯问题的处理上。该专家以为，避免塞浦路斯岛内的任何可能紧张局面，是保证土希关系正常发展的基础。就目前而言，土耳其政府应寻求北塞浦路斯在国际社会中的平等地位，保证北塞浦路斯居民的社会和经济权益，以赢取在该问题上更多的民众话语支持。

欧亚战略研究中心学者也认为，目前土希关系最大的障碍在于塞浦路斯问题，如果双方能在该问题上达成一定的共识，则双方关系能够更进一步。然而该学者强调，目前南塞居民对于塞浦路斯问题处理态度比较激进，认为同在一岛上的希腊族裔和土耳其族裔居民无法和平相处，这对于塞浦路斯问题的处理造成极大阻碍。该学者以为，土耳其政府应在该问题上采取强硬态度，并提出了较为激进的理论："国际舆论都将土耳其塑造为塞浦路斯的侵略者，在这一点上，我们目前很难改变这一形象，那我们不如就顺势利用这一形象（以便采取更为强硬的态度对待南塞政府）。"①

① Aras, Bülent, Sule Toktaş, Ümit Kurt, *Araştırma Merkezlerinin Yükselişi: Türkiye'de Dış Politika ve Ulusal Güvenlik Kültürü*, p. 161.

第四章　伊朗智库概述

第一节　伊朗智库概况

一　伊朗智库的历史生成

伊朗智库的雏形早在前伊斯兰时期就出现了。就伊朗古代文学、宗教和哲学的理解，早期的智库是通过撰文及其他各种形式，参与谈论和协商国家事务的。资政顾问也被称为“独立的智慧”，即以一种置身事外的理性来评价事件，并提出解决问题的方法。

伊朗古代明君一直有听取大臣谏言的传统。统治者在治理国家时需要依靠顾问的帮助。资政大臣的多寡和优劣影响着一国君主的声誉，君主们非常乐意购买资政大臣的思想文化产品，并以比较各自对资政者的吸引力为乐。前伊斯兰时期，阿契美尼德王朝的明君们就避免采用独裁的方式做决定，他们设立了“皇家商议会”，在里面发布决策和法令，之后这一机构一直被保留在波斯波利斯。①

伊斯兰教什叶派第一任伊玛目阿里曾经嘱咐自己最亲密的追随者莫勒克·阿什塔尔（Mulik al-Ashtar）：“尽可能多地与学者和智者为伍，以此获得治理国家的方法。”②

反映 9～11 世纪西亚、中亚和北非经济、政治、司法、宗教、文化和意识

---

① 马吉德·瓦西德、穆罕默德·塔吉·阿曼普尔：《资政顾问的地位、重要性及其扮演的角色——以德黑兰计划和研究中心为例》，《政策季刊》2009 年第 10 期，第 356 页。

② 普尔·马苏姆、阿里·阿斯加尔：《智库及其在管理者决策中的作用》，《发展战略》2009 年第 17 期，第 249 页。

诸多方面情况的史学著作《治国策》一书中曾写道：国王每当干一件事或者面对急事时，与国内有智慧的长者、忠实的支持者和大臣们商量是他的责任。每个人都会说出自己的想法，国王的观点可以与每个人的想法进行比较。当他们在互相听取意见并进行讨论时，正确的行动方针会逐渐清晰地显现出来，正确的方针是所有智者一致同意必须执行的。①

被誉为“伊斯兰文明百科全书”的《卡布斯教诲录》也曾指出：“假若你是国王，做任何事情都应听取智者的诤谏。不论什么工作，在做之前应先同智者商讨。国王的宰相应当睿智博学。遇事不要急躁，应先找宰相研究。”②

随着人类社会的发展和现代化进程的加快，资政的形式也在不断地改变，那些统治者的顾问成了思想的核心，他们收集了国内外的信息并加以分析，整理成文，提交给上一级的管理者，以便为执政者提供更好的治理国家的方法。然而，伊朗现代意义上的智库的发展不过几十年的历史。它们是国家安全、国防、政治和经济改革中的一个重要成果。

在伊斯兰革命爆发前，一批国王时期退役的军人提出了建立智库的想法。他们的成员由 1894 年到 1908 年出生的退役军人组成，平均年龄在 70 岁左右。其中包括哈桑·阿尔法（Hasan Arfa）、侯赛因·阿兹姆德（Hossein Azmoudeh）、阿米尔·萨德基（Amir Sadeghi）、马赫穆德·马阿兹伊（Masud Maazi）、纳斯尔·阿拉希（Nasr Alahi）等国王时期的退役军人。伊朗当代史研究中心提供的文件显示，这个组织定期开会，向国王提供维护巴列维王朝政治制度稳定的方法，它被认为是伊朗现代智库的雏形。③

1979 年伊斯兰革命胜利之后，伊朗建立了伊斯兰共和国政治制度。此时在伊朗出现过许多具有“智库”特点的研究机构，那些一直被排除在政界外的精英们，通过进入研究机构，参与到讨论、分析政策的事务中。然而，就在伊朗伊斯兰共和国建国初期，这些议政的协会、委员会大多在遭到宗教人士和团体的批评后被停业或被取缔。

直到两伊战争结束后，在伊朗最高领袖哈梅内伊的支持下，这一类政策研

① 尼扎姆·莫尔克：《治国策》，蓝琪译，商务印书馆，2013，第 129 页。

② 昂苏尔·玛阿里：《卡布斯教诲录》，张晖译，商务印书馆，2014，第 224 页。

③ 参见当代历史研究中心网站编辑《国王时期的智库》，《巴哈莱斯坦电子杂志》第 145 期，http://www.ghatreh.com/news/nn25524637。

究机构又重新获得了自己的地位。为了复兴伊朗古代、伊斯兰时代以及现当代的主要思潮，1992 年在伊朗伊斯兰议会里建立了伊朗最大的智库——伊斯兰议会研究中心，它也是伊朗第一家现代意义上的智库。与此同时，在伊朗还成立了一些中小型智库。当时的智库主要研究西方国家和伊朗本国的各种思潮，这一时期（1992～1997 年）被认为是伊朗伊斯兰共和国建立后智库发展的第一阶段。

1997～2005 年，智库发展进入第二阶段。这一时期智库的工作重心集中在讨论思想根源的逻辑和思想理论等问题上。此时智库的定义和模式较之前已经发生了比较大的改变。伊朗伊斯兰议会研究中心主任于 2004 年 5 月 1 日正式提出了在科研机构和政府机构里建立智库的建议。他指出，在研究中心建立智库将聚集一批资政的战略家，在伊朗基本方针的基础上做出决策，使伊斯兰议会可以将这些决策利用到法律的制定上。智库的建立对教育、科研、管理和媒体的发展将产生深远的影响。[①]

自 2005 年起，智库发展进入第三阶段。它们的建立开始得到政界和学界的关注。伊朗伊斯兰议会研究中心治国基础研究室主任，也是《思想根源逻辑——智库理论》一书的作者赛义德·尤尼斯·阿迪亚尼（Saeed Younis Adyani）对伊朗建立智库提出了两方面的建议。①智库是一个思想战略部门，它是复兴思想建设、思想研究、提交思想研究方法的专门机构。在教学和研究机构里建立智库，将有助于学生从了解思想开始，到自己创造思想，从而培养出伊朗未来的思想家。许多国家对思想的产生和发展以及思想研究等问题已经给予了很多的关注，然而这个问题在伊朗还没有得到足够的重视。因此，有必要加快在教学和科研机构里建立智库的进度。②虽然伊朗目前已经建立了一些智库，但是它们照搬了西方智库的模式，缺乏伊朗本土的特色，因而需要建立一批具有本国特色的智库。[②]

2006 年 4 月，伊朗伊斯兰议会研究中心进一步强调了在伊朗发展智库的必要性。根据这一研究中心宣传办公室的报道，该中心发布了一份名为《智库》的报告。报告指出，就国际和国内局势而言，在伊朗建立智库具有历史

---

① 参见伊朗伊斯兰议会研究中心网站编辑《在伊朗三权机构建立智库的必要性》，http://rc.majlis.ir/fa/news/show/764332。

② 同上文。

必要性，尤其是对于安全和国防政策的发展进程而言。一方面，随着不断增加的信息和知识以及日益复杂的现状，执政者的时间不足以对一些问题做出快速的反应，因而导致了在这些问题上，他们无法完成更为广泛的研究和做出最优化的决策，此时智库就成为执政者思想上的帮手，架起了知识与政策之间的桥梁。另一方面，智库通过研究工作，除了帮助执政者解决现有的问题，还可以提醒他们将来可能面临的困境和可以采取的对策。智库可以作为幕后机构，参与执政者政策制定和实施的全部过程。

然而，尽管多年前研究机构就强调了建立智库的必要性，而且从建立第一家智库到现今也有几十年的历史了，但是伊朗智库在内贾德总统任职期间（2005～2013 年）并没有得到发展。甚至原本在伊朗政府内政外交政策制定过程中起重要作用的智库都没有得到足够的重视。内贾德政府选用了一些并不具备智库能力的机构和个人参与政府决策，这也被认为是其任职期间政府决策不成熟的原因之一。

2013 年，鲁哈尼当选伊朗新一届总统。他在上任后的第一次国内外记者招待会中强调，其政府执行的温和路线是以协商和集体的智慧为基础的，在一些社会、经济、文化事务方面，政府将更多地参考行业协会和专业组织的建议，采纳人民和专家的观点，通过协商的方式做出决策。自鲁哈尼担任总统至今，伊朗智库在数量和种类上都得到了显著的发展。各类智库为国家的内政外交政策出谋划策，在伊朗各个省都建立了自己的智库，其预算和管理由各省负责。但是由于目前的智库还是集中在政府权力机构下属的研究中心里，缺乏独立性的特点在某种程度上影响了智库的创新和进一步的发展。

二　伊朗主要智库介绍

作为一种政治现象，各国关于智库的概念不尽相同，其存在形式也因各国制度的差异而呈现出不同的模式。

就伊朗智库的定义而言，2005 年 7 月伊朗高教部发展委员会颁发的《智库建立的基本准则》指出，为发展战略思想，优化决策，为专业研究提供条件，有必要在行政机构、大学、研究机构和一些特殊部门建立智库。智库包括那些提供观点和建议的政府或非政府、赢利或公益的独立研究机构。旨在为决策者提供文化、社会、政治、经济和国防领域的理论研究和解决困难的方案。

同时，就管理者、决策者未来可能遇到的问题提供前瞻性的研究并协助他们完成政策的制定。智库作为一个专门的研究和发展机构，一般而言，需按照规定完成研究任务。

伊朗智库在类型上多种多样，既有独立的政策研究所，也有附属于政府部门的准官方性质的研究机构，还有大学下属的政策研究中心。它们研究的范围非常广泛，包括政治、经济、文化、社会、安全和军事等方方面面。下文将重点介绍伊朗主要的国际问题智库。

1. 战略研究中心

战略研究中心（Center for Strategic Research，CSR，www. csr. ir）由时任伊朗总统拉夫桑贾尼于1989年组建，以完成宗教和思想的基础研究，建立政府行政机构、大学和公众之间沟通的桥梁为主要目标。1997年之前，该中心曾是隶属于伊朗总统办公室的研究部门。在拉夫桑贾尼当选确定国家利益委员会主席之后，这一部门也随其进入了该委员会，成了它的专门研究机构。2013年，曾经担任过伊朗领袖哈梅内伊的高级顾问、四届伊朗外交部部长的伊朗总统大选候选人的韦拉亚提被选为该研究中心的主任。

除了战略研究之外，该中心的另一项职责是为国家制定宏观政策、为领袖出谋划策、重新审核伊朗宪法、协调各法律机构之间的分歧并就一些宏观问题提出自己的解决方案。战略研究中心由七个部门组成，包括国际关系研究室、外交政策研究室、经济研究室、文化与社会研究室、法律研究室、科学技术研究室、行政与媒体宣传部门。各部门的研究者们将自己重要的研究成果直接提交给国家高层领导或者出版，还有一部分研究成果发表在该中心的波斯文季刊《战略》和英文季刊《国家利益》中。2014年，在韦拉亚提的领导下，该战略研究中心成立了“联合研究合作办公室”，旨在创建一个综合信息库，整合全国知名智库的研究成果和资源，为地区发展和战略研究提供一个更好的条件。

值得注意的是，确定国家利益委员会的职责是在议会和宪法监护委员会（宪监会）发生分歧时，进行协调和裁定。在执行宪法第110条时，为伊斯兰共和国的总方针提供草案、解决国家遭遇的困难以及就领袖提出的有关问题提供咨询意见。在新旧领袖交接期间进行监督，确定国家利益委员会负责从宪监会的教法学家成员中选举一名成员加入负责履行领袖职能的委员会，并有权撤换该委员会中的任何一人。①

由于确定国家利益委员会成员直接受领袖的领导和任命，作为领袖的顾问，该机构的实际权力非常大。在2005年内贾德当选总统之后，领袖哈梅内伊宣布赋予该机构对所有政府部门的监督权。因此，作为服务于确定国家利益委员会的下属研究机构，战略研究中心在伊朗的地位可谓举足轻重，具有极其重要的战略地位，对伊朗内政外交的影响不容小觑。

2. 总统战略研究中心

总统战略研究中心（Center for Strategic Studies，CSS，www. css. ir，www. npps. ir）是时任伊朗总统拉夫桑贾尼于1987～1988年建立起来的研究机构。穆罕默德·穆萨维·霍埃尼哈（Mohammad Mousavi Khoeiniha）是该中心第一任主席。虽然这个机构是在拉夫桑贾尼的授命下组建的，但是由于其成员中出现了不少左派激进分子，不断发表文章批评政府的行为，研究中心当时并未得到执政者的关注。

到了1997年改革派总统哈塔米上台后，该中心的地位才得以确立，并正式开始从事政策和战略研究工作。然而，在内贾德担任总统期间，这个机构又一次被“打入冷宫”，处于半关闭状态。直到鲁哈尼总统2013年上任以后，该中心的工作才得以恢复。目前中心的“公共政策研究网”（SHAMS）定期发表政治领域精英的政治评论文章，并将他们的思想和建议提交给执政者。

该中心的主要研究领域包括8个。①国家战略领域的理论和应用型研究，通过确定长期、中期和短期的目标，设计实现伊朗战略目标的政策方针，并将建议提交给总统。②基于伊朗的战略目标，研究伊朗行政部门的职能。③根据国情和国家面临的现实问题，提出观点，以影响国家的战略和安全政策。④针对国家战略的核心问题开展交流、举行研讨会，出谋划策，交流想法。⑤从各大科研机构和部委收集需要的信息；建立信息库和图书馆，辅助研究中心的工作。⑥与国外的研究机构建立联系，以获得其研究成果和经验。向国内外研究机构咨询研究方法，并利用其科研成果。⑦解释与国家安全领域和战略方针相关词汇的内涵。⑧就国际、地区和国家外交关系领域的问题进行田

① 伊朗宪法第110条，参见 http://rc. majlis. ir/fa/content/iran_ constitution。

野调查。

3. 外交部政治与国际问题研究所

外交部政治与国际问题研究所（Institute for Political and International Studies of the Ministry of Foreign Affairs，IPIS，www. ipis. ir）成立于1983年，是伊朗外交部下属的研究机构，也是伊朗著名的智库之一，在研究政治、国际关系、经济、法律和宏观政策方面具有特殊的地位。主要从事和伊朗外交政策相关的研究。通过研究、调查和分析国际问题，为伊朗伊斯兰共和国外交政策的制定提供参考。通过召开研讨会和出版学术刊物，鼓励科研，发展国际关系思想和理论，丰富国际关系话语。该研究所也是中东地区乃至全球的著名研究机构，与许多世界著名研究院在联合召开研讨会和圆桌会议、互派代表团访问及联合开展科研项目方面都保持着密切联系。

研究所包括一名由教育部副部长提名、外交部确定的主任，两名负责科研事务以及协调各研究部门关系和负责国际合作的副主任。除此之外，研究所还设立了众多由专家、大使、高级外交官、大学教授以及精通国际关系和外交政策研究的专家组成的研究室，包括东亚与大洋洲研究中心、中亚与高加索研究室、南亚和西亚研究室、非洲研究室、欧洲研究室、美国研究室、中东研究室、波斯湾研究室、战略研究室、国际经济和能源研究室、国际法研究室、领事与移民研究室。

研究所主要的工作包括召开圆桌会议和国内会议、国际研讨会、完成科研项目、演讲、与其他研究所进行科研合作，以及出版刊物《中亚与高加索研究》、《伊朗国际事务研究》（英语）、《外交政策》、《非洲研究》、《阿姆达尔亚》（俄语）以及与外交政策相关的学术类专著或译著。

4. 伊斯兰议会研究中心

伊斯兰议会研究中心（Islamic Parliament Research Center，IPRC，http://rc. majlis. ir）是伊朗伊斯兰议会下属的研究中心，也是伊朗非常重要的一个研究机构。1992年在议会主席团的授命下宣布成立，并于1995年获得正式许可。现任中心主任卡扎姆·杰拉里曾担任过多届议会代表。该研究中心主要从事与立法相关的事务，旨在为议会就法律领域的决策和计划提供持久的、相关的研究，并将专家学者的意见和建议提供给议会议员。该中心还提供包括外交部、情报部、原子能组织在内的其他政府机构的非保密性公共信息和文件。

研究中心的工作总方针、预算、人事政策由议长、议会主席团成员组成的理事会审议并批准。中心主任由理事会在符合条件的候选人中选出，任期四年，主要负责制定工作方针、预算、监督中心所有的研究和行政工作。该中心下属的研究委员会成员由中心主任、五名由理事会从议员中挑选出的科研专家和五名由主任介绍的，经过理事会批准的具有讲师级别以上（含讲师）的研究员组成。研究委员会包括经济研究室、基础建设与生产研究室、社会与文化研究室、政治与法律研究室和研究事务计划与协作总部。

研究中心旨在加深议会成员、国家官员、决策制定专家、政府执行部门高官之间的直接联系，其有关政治、经济、法律和文化领域的研究报告都将提交给议会议员。自建立以来，这个研究中心共完成了一万多篇专业报告。它们被提交给议会主席团、常务委员会成员和议会代表。除此之外，这些报告还被抄送给政府的其他部门。同时，这些研究成果还通过该研究中心的编辑部以著作和报告的形式出版。

5. 德黑兰国际研究所

德黑兰国际研究所（Tehran International Studies and Research Institute，TISRI，www. tisri. org）于2000年经伊斯兰文化指导部许可，由研究国际问题的专家、学者组建而成。其前身是由这一领域的学者、专家和硕士毕业生组成的伊朗首家非政府性质的对外关系委员会。之后这个委员会发展成为拥有超过80名成员的研究中心。作为一个独立的研究机构，2001年该中心创办了自己的出版社，并拥有伊朗首家专业电子图书馆。

研究中心的专家团队是其核心部门，他们通过完成科研项目、撰写文章和报告、参加与该中心事务相关的国内外会议，针对国际、地区和伊朗发生的变化提出自己的见解。中心设有国际与安全问题专业委员会、周边国家专业委员会、CIS国家和地区专门委员会、北非和中东地区专门委员会、法律专门委员会、国际事务和组织专门委员会、欧盟专门委员会、美国专门委员会、公共事务专门委员会、文化和种族专门委员会。

该非政府组织以非正式的形式，通过案例研究、科研项目、举办研讨会的形式来开展研究工作。其负责将研究者的观点和成果提交给国内外相关机构；帮助收集国际、地区和国家的相关数据，并进行分析；帮助撰写外交政策领域的国家安全战略；影响伊朗与国际以及其他国家外交互动的进程；与国际上其他著名的研究中心和智库建立联系；完成强调文明和文化交流、确保伊朗伊斯兰共和国国家利益方面的研究。其以设计并撰写科研项目方案、参与举办科研培训、与世界其他高校合作完成科研项目、举行国际及国内研讨会，以及出版期刊、专著、综述、报告、收集并优化电子数据库的形式实现研究所的目标。

6. 拉万德经济与国际研究中心

拉万德经济与国际研究中心（Ravand Institute for Economic and International Studies，RIEIS，https://ravandinstitute.com）是赛义德·穆罕默德·侯赛因·阿德利于2005年建立的，是一所独立的、无派别的、非政府性质的研究机构，也是唯一一所入选2016年世界知名智库的伊朗智库。该研究中心关注当今伊朗、地区和国际上政治、经济、社会和文化的重大政策，它被认为是伊朗第一家，也是唯一一家严格意义上的智库。

在全球化时代，社会的发展已不仅仅是一个国家独自决定的问题，发展不再是孤立的、地区性的行为，它会涉及地区和全球的各方面因素。只有当政府官员、政策制定者、企业、研究所、研究员、非政府组织、国际组织和媒体都参与到对话中，才能实现社会和精英们的一致性。这些个体在构建宏观政策一致性的过程中是必要的元素。

拉万德经济与国际研究中心就影响伊朗和地区政治和贸易环境的地缘政治、经济、环境问题提供研究和政策报告；为伊朗国有和私有企业的国际化进程提供一系列的咨询服务，其中包括战略投资方案、企业重建等内容。该研究所出版季刊《经济进程》（波斯文）和分析评论类季刊《经济趋势》（英文），提供本国、地区和国际相关事务的研究文章。

7. 中东战略及科学研究中心

中东战略及科学研究中心（Center for Scientific Research and Middle East Strategic Studies，CMESS，http://fa.cmess.ir）于1988年在德黑兰成立。这一中心作为伊朗专门的研究机构除了从事国际关系理论的研究外，还以中东学为其特色研究内容，开展相关的学术、科研工作。它是伊朗首家从国际关系和政治学角度关注中东问题的研究中心。中心开展的工作包括：①研究国际关系方面的各大理论；②多角度深入理解伊朗周边的环境；③研究伊朗和中东国家之间的互动；④了解中东国家的整体经济与政治发展情况；⑤进行中东国家的国别研究；⑥组织国内外学者和专家参加政治、经济、文化领域的圆桌会议；

⑦与国内外其他相关智库建立联系；⑧出版相关中东事务的刊物、著作和分析报告，其中包括关注美国和以色列问题的波斯语季刊《区域研究》和《中东研究》、旨在用学术语言向世界其他国家阐述伊朗外交政策的英语季刊《话语》；加强伊朗同阿拉伯国家关系的阿拉伯语季刊《伊朗与阿拉伯》。

中东战略及科学研究中心现任主任赛义德·侯赛因·穆萨维是伊朗外交部部长的中东问题顾问。中心下设外交政策研究室、中东与大国研究室、波斯湾研究室、能源安全研究室、中东的合作与冲突研究室、土耳其研究室、思想进程研究室、埃及和北非研究室以及一个中东研究领域的专业图书馆。

8. 伊朗与欧亚研究中心

伊朗与欧亚研究中心（The Institute of Iran Eurasia Studies，IRAS，http://www.iras.ir）是一家2004年建立起来的独立、非政府、非营利性质的研究机构。位于首都德黑兰，是国内首家专门研究中亚、俄罗斯、高加索地区的智库。该机构主要从事政策研究、问题分析等事务，为伊朗开展同中亚地区国家的双边或多边关系提供必要的基础研究以及建议。该研究中心设有东欧和俄罗斯研究室、中亚和高加索研究室。除此之外，该研究机构还有自己的出版社和官方网站，目前已出版波斯语、阿拉伯语和英语读物3000多册。

9. 战略研究所

战略研究所（http://www.risstudies.com）是伊朗科技部下属的研究机构，于1998年正式开展工作。它是伊朗国内从事国家安全和战略领域研究的先行者。战略研究所的工作理念包括：①知识型安全比其他形式的安全更有效；②保障国家安全需要利用理论、方法和专业的工具；③准确了解事实及其原理有助于更好地做出战略决策；④战略和安全研究在全世界范围里具有悠久的历史；⑤大国都有强大的智库做后盾；⑥伊朗必须在战略研究领域走出有成效的一步。

该机构通过出版著作、季刊《战略研究》，举办研讨会和座谈会及讲座的形式开展研究工作。研究所的工作目标包括：①培养战略研究领域的学者、专家；②形成并发展国家安全和战略研究领域的理念，并结合伊朗的国情，完成这些理论的本土化建设；③推广国家安全文化；④为伊朗其他战略研究机构提供一个平台，开展交流和合作；⑤及时发布战略研究成果。

10. 高加索地区研究基金会

高加索地区研究基金会（Caucasus Studies Institute，www.ccsi.ir）于2005

年建立，是伊朗首家专门研究高加索的智库，旨在在伊朗开展高加索地区的基础研究、收集信息、为科学研究提供条件，与此同时推广高加索地区人民的思想、艺术和文化根源。研究内容包括高加索地区的地理、历史、高加索各民族的文化、社会变迁、经济改革、贸易往来、地区危机、能源和交通问题、伊朗与高加索地区的文化历史共性以及跨地区组织的作用等。为实现这一研究目标，研究基金会提出了一系列计划，加强同国内外同类机构的合作，开展的工作包括：①举办这个领域的研讨会；②对这一领域开展基础研究；③出版刊物和著作；④在高加索地区各国举办文化和艺术展览会；⑤介绍伊朗及高加索地区的科技、文化名人；⑥通过互派学者、教师、学生，出版相关图书、软件、音像制品进行文化交流；⑦在此领域举办联合工作坊。

11. 波斯湾地区研究中心

波斯湾地区研究中心（Persian Gulf Studies Center，PGSC，www. persiangulf-studies. com）是2008年在大学学者和专家的支持下建立起来的。针对伊朗缺少相关波斯湾领域的研究机构、部分国际组织和国家对波斯湾的错误命名以及广泛存在于波斯湾地区的“伊朗威胁论”，该机构旨在通过研究，改变一些国际机构如澳大利亚D&K地图册、土耳其教学地图、印度东方地图册等对波斯湾地区错误的命名，并为管理者获取战略信息和政策制定提供条件。这一研究机构首次在官网上建立了两个英语在线博物馆“波斯湾博物馆”和“伊朗文明博物馆”。

除上述知名的国际问题智库外，伊朗还有不少专业智库，如石油工业发展研究所、能源和材料研究所、航天研究中心、国际和平研究中心、伊斯兰世界未来研究所、中东战略研究中心、国际合作与研究中心、萨迪基金会、国际宗教研究所等，这里不再一一介绍。

第二节　伊朗智库的现状与特点

智库的概念在美国普及之后，世界各地都开始建立起自己的智库。根据《2016年全球智库发展报告》的统计，目前全球共有各类智库6846家。作为一种政治现象，各国关于智库的概念不尽相同，其存在形式也因各国制度的差异而呈现出不同的模式。在欧美多数国家，智库一般指独立于政府和企业

（甚至大学）之外，从事公共政策研究的非营利性学术机构，隶属于政府的研究机构和大学院系的研究中心是被排除在智库范畴之外的。然而，这一划分显然不符合伊朗的国情。对于智库的定义，伊朗的智库研究中尚没有一个统一的观点。大体上，只要是从事政策研究，为政府决策提供参考的智库、战略中心、研究所都可以被称为“智库”，它们具有以下一些特点。

第一，从地理分布来看，由于伊朗比较有影响力的智库都是国家权力部门下属机构，是为了满足政府的工作需求而建立的，因此这些智库大多位于伊朗的首都德黑兰。其中包括总统战略研究中心、伊斯兰议会研究中心、确定国家利益委员会战略研究中心、外交部政治与国际问题研究所、国际和平研究所、拉万德经济与国际问题研究中心等。另有一些依托大学建立起来的智库，分布在伊朗各省的重点高校里，例如伊斯法罕大学下属政治研究中心、设拉子大学下属政治研究中心、克尔曼巴霍纳尔大学的伊朗与伊斯兰文化研究所等。

第二，从智库的成员来看，必须由了解人类思想基础和理论，在某一特定的专业领域有独特见解和丰富学识的专家来担当。他们通过研究和调查，将各种形式的成果提交给政府专门机构的管理者，为其所用。目前伊朗智库的工作人员主要分为两类。第一类成员大多由具有影响力的资政者和曾经在行政部门身居高位的官员组成。他们任期届满后，会留在智库发挥余热，由于熟知政府部门的办事规则和拥有强大的人际网，部分智库成员可以直接影响决策者的决定，比如确定国家利益委员会下属战略研究中心的负责人韦拉亚提。第二类成员大多为在某一领域有独特见解和丰富学识的专家和学者。他们通过研究，将各种形式的成果提交给政府专门机构的管理者，为其管理和政策提供新的思想。

第三，从智库的经济来源来看，伊朗智库可以分为隶属于政府的研究中心、隶属于大学的研究所和独立智库三类。其中政府下属智库的经费来自各大部委及其相关组织的财政预算拨款。大学智库的预算来自其所属高校的拨款。独立研究机构则利用它们为某一组织提供信息和咨询的资政收费、出版书籍、举办研讨会和提供培训获得经济收入来维持运作。

第四，从智库的功能来看，伊朗智库是联系政府决策部门、研究机构和高校的桥梁，在连接知识与政策的同时，具有以下几个方面的功能。

（1）理论创新：发展和创新外交政策领域的观念是伊朗智库的首要职责。

智库成员通过关注外交领域的各种问题，解释这个领域的各种概念，并将自己的观点引入到国际话语圈中。智库参与政策决策的多少、被采纳与否已成为判断一个智库影响力的主要指标。但是，由于和决策机构的官员时刻保持着联系，在智库形成思想产物的过程中或多或少地受到外交政策现实因素的影响。

（2）人才储备：国际问题复杂性的增加迫使一国在制定内政外交政策时，需要参考更多、更广泛的专业知识。在进行跨国事务的决策时，如果不考虑相关领域的专业知识，决策者将面临花费大、耗时长的困难。对于伊朗而言，大学和研究机构里不乏从事外交政策研究的专家学者，他们通过撰写论文、出版著作、举办研讨会解读和宣传政策，在内政外交领域里发挥了不小的作用。

（3）政策咨询：外交政策的制定者为了做出更为准确的决策比以往任何时候都需要听取专家的意见，并将他们的意见付诸实施。他们可能会在实施一项政策或战略前先听取这一领域智库学者们的意见和想法。尽管在最后决定时，研究机构的意见未必会被采纳，但是，智库已经以咨询者或顾问的身份参与到了内政外交政策的制定过程中了。

（4）精英会聚：智库通过举办会议、研讨会，邀请内政外交政策领域的精英和学者参加讨论，为一国意见领袖们对于内政外交政策中某一个特定的主题或者国际问题达成共识提供条件。同时，也可以通过这种方式，使一个国家的政策制定者了解社会上对各种问题的观点和社会思潮。

（5）官民沟通：政府管理层官员通过参加智库举行的专门会议和研讨会可以寻找到为政府和学者精英建立沟通桥梁的人选，这种人选的确定将有助于有效地将智库学者的建议传达给政府领导者。同时，政府官员在自己的任期结束后，也可以回到这些智库从事外交政策的研究工作，发挥余热。

（6）政策传播：在了解公众对内政外交政策的反应方面，智库扮演着至关重要的角色；它们也通过出版刊物、著作等方式，表达公众对于内政外交政策的看法。在最近十年里，各种社交网络的普及极大地帮助了这些机构，使其得以更好地传递公众的思想。同时，它们还通过举行政策相关内容的大会，与关注这些问题的民众建立联系，共同探讨。智库作为产出思想成果的机构，可以进一步帮助强化政策的大众传播能力。

第五，从智库的归属来看，伊朗智库可以最简单地分为政府性质和非政府性质（独立智库）两类，其中政府性质的包括完全隶属于政府权力机构的智库和不完全隶属于政府的半政府性质智库。完全政府性质的智库是在政府的监管下开展工作的，大学和研究所下属的智库都被归在这一类中。半政府性质的智库是指以某种方式参与政策制定过程的智库。独立智库具有非政府性质，不隶属于任何一个政府部门，但是有可能在工作中和政府进行合作和交流。

第六，从伊朗智库的分类来看，其研究范围可以分为：①地方性研究，包括研究乡镇、城市、省问题的智库；②国家研究，集中研究国家政策制定及其遇到的问题；③地区研究，注重地区各国政治、经济、文化和社会问题的研究；④国际研究，关注各组织之间的关系、共同的利益、交流以及遭遇的问题。

按照研究内容可以分为：①政治政策研究；②经济政策研究；③社会政策研究；④安全和军事政策研究；⑤工业与技术政策研究；⑥未来研究。

第三节　伊朗智库对外交政策的影响

在目前纷繁复杂的国内、地区和国际环境中，决策制定机构对于伊朗而言具有巨大的战略意义，它们制订出的稳定的计划不会因为领导者的更替而变化，所以必须依靠智库来出谋划策，让政策制定者更好地理解周围发生的变化，并帮助他们实现伊朗长期战略的可持续性发展，特别是涉及波斯湾的安全、伊朗和阿拉伯国家、伊朗和世界其他大国关系的问题。

随着外交政策领域研究中心数量的增加以及这一领域各种问题复杂性的加剧，智库对外交政策制定的影响力逐渐升高，它们的作用和地位也越来越明显。伊朗也不例外，一些附属于政府权力部门的研究中心提出的方案在外交方针和政策中得到了体现。

在分析智库对伊朗外交政策影响方式之前，有必要先对伊朗政策制定的过程有一个总体了解，了解哪些部门直接制定政策，哪些部门间接影响决策者的决定，哪些部门负责执行和解释政策。这些部门和智库的关系将在很大程度上决定一个智库对国家内政外交的影响力。

一　伊朗外交政策决策机制

伊朗伊斯兰共和国自 1979 年建立以来，其决策过程就非常复杂。尽管在宪法第57条中规定，伊朗伊斯兰共和国的治国权力机构分为立法、行政和司法三权，[①] 这三权根据宪法的规定在领袖和伊玛目的监督下行使，三权互相独立。实际上，这三权彼此间的联系和互相制约是十分明显的。在伊朗宪法中，有不少三权共同做决策的事务和部门。因此，伊朗宪法规定的三权分立原则实际上是三权相对分立，决策机构有一部分重合的情况。因而，一直以来对伊朗决策机制的研究就是一个难题。

伊朗外交决策的过程基本上可以分为三个层次：最高层是领袖哈梅内伊，他具有绝对的权威，通过间接或直接的方式监督伊朗各大政策的制定和实施；其次是总统以及辅助其执政的确定国家利益委员会，其中战略研究中心作为确定国家利益委员会的智库起到了一定的资政作用；再次是主要的外事机构，包括外交部、商务部、国家安全部门等与外事相关的重要部委，其下有一些附属的研究机构，就是所谓的外交智库，比如伊朗外交部下属的政治与国际问题研究所，它们一起构成了伊朗外交政策决策层的核心圈。但是，作为具有政教合一政治制度的国家，决策过程还受到宗教基金会、专家委员会等机构的影响。[②] 它们为了各自的利益，在不同程度上，通过各种手段影响政府的决策，共同构成了一个复杂的决策体系。同时，在此基础上还有多个政府性质和半政府性质的机构影响着政策的制定，这个决策过程在智库的参与下已经变得越来越复杂了。

二　伊朗智库影响政府决策的方式

在伊朗，智库与决策者的关系十分密切。它们大多数是国家资助的研究机构；有些隶属于伊朗的重点大学；还有一些名为独立的、非政府资助研究所和研究中心，但是实际上是为政府职能部门服务、完成规定研究调查项目的机

---

① 伊朗宪法第57条，参见 http://rc. majlis. ir/fa/content/iran_ constitution。

② 专家委员会下设六大分委，除根据宪法规定考察领袖的职责、在领袖选举过渡时期研究方案、制定委员会内部章程的三大分委外，还设立了专门研究坚持教法学家治国途径和方法的分委、国家社会与政治事务分委、国家金融财政事务分委。这个机构的参与是伊斯兰制度的可靠保障，对伊朗内政外交的决策有不小的影响。宗教基金会是一个集政治与经济为一体，直接或间接对伊朗政治施加影响的机构。虽然在伊朗的宪法中没有相关规定，但它的实际权力甚至超越了行政、立法和司法权。受压迫及残障人士基金会和烈士基金会是伊朗国内比较重要的基金会，它们的最高领导均由领袖直接任命，对伊朗政府决策也有不小的影响。

构，这些任务包括提供调查报告、为与外交政策相关的决策做宣传、在总统与国家宗教人士和其他政治派别交往时为总统提供建议等。它们也会就与市民日常生活有关的问题提供建议，比如是否取消推特（Twitter）、脸书（Facebook）等社交工具和家庭卫星接收器等。

在伊朗伊斯兰共和国建立后，权力部门里既设立了一些新的决策机构，又保留了一部分传统的机构。伊朗既有官方智库，提供调查报告和政策研究，对外界解读和宣传伊朗在一些问题上的观点，又有一些半独立智库，它们忠诚于伊斯兰共和国制度。然而，伊朗的智库无法享有完全的独立，有些智库即使不是隶属于政府的，也必须在宪法和其他法律法规的框架里开展研究，提出建议。

尽管伊朗智库的发展历史还不长，但其正在通过多种渠道，逐步形成自己对决策者、学界、社会公众和媒体舆论的影响力。

1. 智库通过伊朗特色的“旋转门”机制对决策者产生影响

“旋转门”机制是伊朗智库的特色之一，伊朗行政人员的更替非常频繁，四年一度的总统选举后都伴随着政府部门的大换血。很多卸任的伊朗政府官员在其任职结束后，到智库担任职务，一方面利用自己丰富的工作经验，发挥余热；另一方面，也可以借助自己与政府部门的关系，为政府和智库学者、精英之间建立沟通桥梁。例如，现任确定国家利益委员会下属战略研究中心的主任韦拉亚提曾经担任过四届伊朗外长和领袖哈梅内伊的高级顾问，他在任期结束后进入智库，担任这个对执政者影响很大的研究中心的主任。伊朗外交部政治与国际问题研究所历任所长都曾服务于伊朗外交部，具有长期处理外交事务的工作经验。

对于智库而言，“旋转门”机制所带来的政府官员与智库之间的人际关系网使智库虽然不直接参与政策的制定，却与政府内部保持着十分密切的联系。这就使知识与权力得到了最有效的结合。长远来看，这种机制使智库的影响力直接渗入伊朗的政治决策核心，成为决策过程必不可少的一部分。

伊朗前总统哈塔米作为改革派领导人将智库视为政治决策的重要参考机构，他在任期里对传统保守的决策方式进行了改革。2003 年，哈塔米走出了其在日内瓦居住的宾馆房间，迎接埃及总统穆罕默德·侯赛因·穆巴拉克。据说，这正是哈塔米阅读了一份埃及问题专家撰写的研究报告后做出的改善伊朗和埃及关系的举措。这份报告建议伊朗缓和与埃及的关系，强调了在埃及前总统萨达特与以色列签订和平协议后，保持伊朗与埃及关系的重要性。[①]

现任总统哈桑·鲁哈尼于2013年上任后，在做决策时也采纳了政治、战略问题研究专家的建议，并参考了他们提供的各种评估报告，特别是在伊朗核问题方面。其一，他任命扎里夫担任伊朗外长，扎里夫于2002年到2007年期间担任伊朗驻联合国代表，具有丰富的外交工作经验。而且，扎里夫同欧美政治精英有着不错的关系，任命他担任外长标志着鲁哈尼政府希望改善与美国的关系。其二，明确外交部负责与P5+1集团展开谈判，此前这一项工作由最高国家安全委员会负责，这一改变显示了伊朗将这一谈判视为外交活动，而不完全是安全问题。这一举措也增加了伊朗与西方国家之间的信任，鲁哈尼政府开始工作三个月后，核框架协议就签署了。[②]

2. 智库通过出版著作、期刊和提交研究报告提高自身在学界的影响力

政治战略型智库针对伊朗外交政策中最受关注的三个方面问题进行研究：第一，伊朗与邻国的关系（同阿拉伯国家，特别是同海湾国家的关系），这是伊朗外交政策关注的重点；第二，伊朗与世界上与其保持良好关系的大国之间的往来，其中包括和伊朗关系比较密切的中国、俄罗斯、印度以及关系一般的欧盟；第三，伊朗与敌对国家美国和以色列之间的关系。

以中国为例，近几年来，中伊一直保持着良好的双边关系。中国作为伊朗核问题谈判中的一个重要大国，也是"一带一路"倡议的发起者，其悠久的文明历史、政治制度、经济发展模式及其外交政策都受到了伊朗智库的关注。

近五年来，伊朗主要智库都对中国展开深入的研究，并出版了相关著作，提交了研究报告。例如，伊斯兰议会下属研究中心，在近7年时间里（2009~2016年），就中国智库发展、中伊关系、中国在叙利亚问题中的作用、中国军事战略、中国的外交政策和反腐斗争等发表了近40篇专业报告。外交部下属政治与国际问题研究所出版了《中国与伊朗：后帝国世界中的合作伙伴》译

① Mohammad Mohsen Abunnor, "Decision-Making Centers in Iran: Trend and Limitations," *Political Analysis*, www.fikercenter.com.

② Mohammad Mohsen Abunnor, "Decision-Making Centers in Iran: Trend and Limitations," *Political Analysis*, www.fikercenter.com.

著、《亚洲大三角：中国、印度和巴基斯坦》；在其《外交关系》期刊中，发表了20多篇和中国有关的论文，内容涉及中国领土安全、能源、经贸关系、文化软实力等各个领域。

3. 智库通过各类国内外研讨会、讲座、工作坊发挥社会影响力

外交政策的制定者为了做出更为正确的决策比以往任何时候都需要听取专家的意见，并将他们的意见付诸实施。他们可能会在实施一项政策或战略之前或之后听取这一领域智库学者的意见和建议。伊朗智库通过举办研讨会、圆桌会议邀请内政外交政策领域的精英和学者参加讨论，为一国意见领袖对于内政外交政策中某一个特定的主题或者国际问题达成共识提供条件。同时，也可以通过这种方式，使国家的政策制定者了解社会上对各种问题的观点和各种社会思潮。

其中规模最大的研讨会是由外交部政治与国际问题研究所每年举办的“波斯湾国际研讨会”，至今已经举办了21届。研讨会每年都有一个主要议题，围绕波斯湾国家的经济发展、安全问题、文化交流等各个领域的内容展开讨论。除此之外，还有每年举行的“中亚与高加索地区国际研讨会”，至今已经举办了17届。每一年都会有来自世界各地的专家、学者参加会议，议题涉及高加索和中亚地区与伊朗能源、运输合作、北约东扩的影响、上合组织的机遇和前景、地区交流和合作、高加索南部的安全问题、里海地区的发展和局限、地区大国在解决争端和经济发展中的地位、中亚和高加索地区的资源和经济潜能等。

4. 伊朗智库成员通过接受媒体采访、在报纸上撰写文章等影响公共舆论，传播政府政策和思想

伊朗智库成员接受媒体采访、在报纸上撰写文章也是智库影响公共舆论、传播政府政策和思想的方式。以确定国家利益委员会下属战略研究中心为例，该中心主任韦拉亚提一人在过去的三年时间里就伊核问题、叙利亚问题、伊拉克问题、反恐问题，以及俄伊、美伊、中伊关系等就共接受了47次伊朗国内各大媒体及部分外媒的采访。除此之外，他还开设了个人主页（http://velayati.ir），对伊朗政治、文化、社会和国际问题发表自己想法。他作为伊朗最重要的智库的负责人，在传播政府政策方面具有很大的影响力。

5. 开展第二轨道外交，为官方合作提供智力支持

二轨外交通常是指有政府背景的非官方进程，其主要任务是分析问题、提

出政策建议。其参与者主要是从事政策研究的专家学者，政府官员有时也以私人身份开展二轨外交。

例如，中国国家主席习近平访问伊朗期间，伊朗外交部政治与国际问题研究所与中国人民大学下属重阳经济研究院举行了一次高级别的研讨会，研讨会围绕习近平访问伊朗的意义和作用、“一带一路”带来的机遇和挑战、后伊核时期中伊合作前景和中伊智库交流等议题展开。伊朗经济部、科技与经济协助和投资组织都出席研讨会并发言。除了同中国智库有比较多的往来以外，伊朗智库还与日本、土耳其、巴基斯坦的智库有接触和交流。

三　伊朗智库对其外交政策影响的结果

由于智库是一种提供“思想”的组织，生产的是无形的产品，所以对智库影响力的研究始终是智库研究的一个难题，因为很难针对影响力给出一个直观和量化的评估。另外，伊朗的智库成果很多是以内部报告、国家项目的方式提交的，既不可公开发表，也难以获得决策者对建议采纳的反馈情况。因此，我们很难通过公开的渠道采集到伊朗智库在资源、效用、产出和影响力四个方面的全面资料，只能就智库影响力的大体发展趋势做一个评价。

在国王时期，政治和战略研究中心就已经扮演了重要角色。礼萨·巴列维国王就曾经自诩喜爱阅读和中东冲突、国际关系、冷战和石油价格相关的政治研究论文。在伊斯兰革命初期，没有明确的资料显示领袖对研究机构的兴趣，但是已经有机构承担起智库在资政方面的职责了。

拉夫桑贾尼担任伊朗总统之后，伊朗开始扩大大学的数量和规模，并开始关注人文和社会学科研究。对政治学科的研究热情持续高涨，直到1997年哈塔米总统执政的8年里达到了顶峰。

在鲁哈尼政府时期，伊朗智库在数量和质量上有了质的飞跃，呈现出种类多样、发展层面多元化的态势，对政府决策的影响力也在日益增强，但是我们发现，在全球智库排名中，只有拉万德经济与国际研究中心一家智库入选全球最有影响力的智库第135位（不含美国）；在中东和北非地区顶级智库排名中，也只有政治与国际问题研究所（IPIS）位列其中。[①] 在日本综合研究开发

① James G. McGann, *2016 Global Go to Think Tank Index Report*, University of Pennsylvania, 2017.

机构的统计数据中，仅有两家伊朗智库榜上有名。[①] 显然伊朗智库发展过程中还存在不少问题。

第一，“旋转门”机制缺乏双向性。和美国智库“旋转门”机制不同，伊朗的智库学者、精英从研究者变为决策者，进入政府权力部门任职的情况并不多见。虽然大学和研究机构里不乏从事外交政策研究的专家，他们通过撰写论文、出版著作、举办研讨会的形式解读和宣传政策，在内政外交领域发挥了不小的作用，但是就目前而言，智库专家只能通过一些间接的方式影响国家政策的制定，而难以直接将自己的研究成果和理念转化为具体的政策。

第二，智库缺乏独立性。智库参与政策决策的多少、被采纳与否已成为判断一个智库影响力的主要指标，但是由于和决策机构的官员时刻保持着联系，在智库形成思想产物的过程中或多或少地受到外交政策现实因素的影响。目前伊朗著名智库还是集中在政府权力机构下属的研究中心里，缺乏独立性在某种程度上影响了智库的创新和进一步发展。

有学者指出，伊朗的智库因为创新能力弱、缺乏独立性、智库之间合作不足等问题，对决策的影响主要集中在个别智库，甚至智库中的某一个个体上，尚未形成国内智库合作机制或联盟；原有决策链造成决策速度缓慢、程序复杂等阻碍因素，实际上对国家决策的影响力并不大。[②]

但是，也有学者认为我们评论智库影响力效果的时候，不能仅仅考察其被政府采纳的建议数量，更应该看到智库在提出思想和观念、进行思想交流、传播政策、提供政策制定背景信息方面的作用。伊朗智库的功能有四。①理论本土化。伊朗智库，例如国防战略研究中心、确定国家利益委员会战略研究中心等能够通过研究项目，在提出安全—国防理论的同时，结合伊朗的国情，提交这个领域的战略性建议。②将最高领袖提出的思想和理念进一步发扬光大。最高领袖被认为具有最强的洞察力和远见，智库对他提出的思想和观念进行研

---

① 日本综合研究开发机构（NIRA）是日本著名智库，在解决日本国内问题和制定外交决策过程中起重要作用。该机构自 1993 年起，开始出版 Nira 世界智库目录，对世界上最著名的公共政策研究中心或智库进行系统介绍。目前为止，仅有两家伊朗智库（政治与国际问题研究所和沙里夫研究中心）被列入其中。

② 贾瓦德·叙扎伊、哈米德·沙费伊扎德：《智库及其解决问题的机制》，《伊斯法罕文化》2007 年第 36 期，第 29 ~ 31 页。

究，之后将其思想转化为具体可实施的政策和解决问题的方法，影响各决策部门。③加强未来研究的实力。在近几年里，未来研究受到广泛关注。一些智库为此开设了专门的研究室。④拓展合作，建立信任。“人民路线外交”是智库影响政策制定的重要方法之一，伊朗的一些智库在这方面具有很强的实力。

第五章　中东非阿拉伯国家智库与中国

第一节　“一带一路”倡议下中国与以色列智库的合作

一　以色列智库对中国的研究

梳理以色列的智库后可发现，尽管以色列存在着大量外交政策型智库和国别区域研究型智库，但并没有一家专门研究中国乃至东亚国家的智库。在一些大学里开设有中文教学和从事东亚与中国研究的学术研究机构，但都是学术导向型的研究机构，而非政策研究的智库。如耶路撒冷希伯来大学人文学院设有亚洲研究系，其中本科和硕士阶段均设有中文（中国研究）专业。人文学院还下设有亚非研究所，在亚非研究所框架下2006年成立的路易斯·弗里伯格东亚研究中心（Louis Frieberg Center for East Asian Studies）侧重于学术导向，重点是进行东亚历史、文化、传统和现代社会学以及政治体制等方面的研究。此外，北京大学与希伯来大学共建了一所孔子学院，特拉维夫大学的人文学院则设有东亚研究系，中国人民大学在特拉维夫大学建有一家孔子学院，海法大学和巴依兰大学的人文学院也设有东亚研究系。

虽然以色列并没有一家专门研究中国的智库，但对中国的研究越来越受到一些以色列智库的重视，出现了一些引人注目的研究成果，如进入21世纪以来，中国作为一个全球性大国迅速崛起，正在深刻改变全球战略格局，这将如何影响犹太民族的命运，犹太民族以及以色列的决策者们应该如何应对这一新的世界格局，把与中国的关系放到一个大的战略框架内考虑，成为以色列智库学者的关注点。自2002年开始，耶路撒冷犹太民族政策规划研究所资深研究员、法籍犹太人沙洛姆·瓦尔德（Shalom Wald）博士开展了一项长达2年的研究，收集了大量资料，并在中国、以色列、美国等地进行了实地考察和走访，最终在2004年出版了一份长达10万字的政策研究报告《中国和犹太民族：新时代中的古文明》。[①] 该报告出版以后，在以色列以及整个犹太世界引起了强烈反响，使得越来越多的群体与个人开始关注中国问题。正如作者本人在2014年中文版前言中所说，该书的希伯来文版被送到一些以色列领导人手中，也被呈献给以色列议会所属的外交和国防委员会的会场，而且引起了热烈的讨论。[②] 已故以色列前总统佩雷斯曾这样评价这一报告："这篇关于中国和犹太民族的重要报告，富有成效地指明了启动两个古老文明国度之间发展友好关系的诸多契机，值得祝贺的是犹太民族规划研究所确定了这种新的战略思维方向——这种思维卓有成效地提出了具有创建性的政策方向，它的实施将会极大地密切两个民族之间的当前联系和未来关系。"[③] 该报告已成为犹太民族政策规划研究所发行量最大的战略报告之一，不仅在以色列国内，还引起了世界其他犹太社团如美国犹太社团的关注。其作者前往美国演讲，并两次被基辛格博士约见，讨论中国与犹太民族的关系。该报告中文版的出版甚至还引起了阿拉伯学者的注意，认为这是中以关系走向密切的信号之一。报告提出的一些具有可操作性的政策建议，特别是加强中犹、中以之间人文交流的建议，今天已成为现实。

2009年，以色列国家安全研究所请时任特拉维夫大学东亚系主任、著名中国问题专家谢爱伦（Aron Shai）教授就后金融危机时代的中以关系进行一项全面的调查，2009年9月其发表了一份调查报告《中以关系：当下的现实、未来的展望》。[④] 该报告对中国和以色列两国关系进行了系统而全面的梳理，分析了1992年中以建交以来两国关系的发展状况，把中以关系纳入全球视角

① Shalom Wald, *China and the Jewish People: Old Civilizations in a New Era*, Strategy Paper, JPPI, 2004. 该报告2004年最初出版时使用的是英文，2005年以希伯来文出版。2014年4月，在英文版出版十年之后，中国又出版了该报告的中文版。

② 沙洛姆·瓦尔德：《中国和犹太民族：新时代中的古文明》，张倩红、臧德清译，大象出版社，2014，第10页。

③ 同上书，第2页。

④ Aron Shai, "Sino-Israeli Relations: Current Reality and Future Prospect," *Journal of Middle East and Islamic Studies (In Asia)*, No. 2, 2010, pp. 17-42.

进行了考察，并从以色列的角度提出了加强和发展未来中以关系的多条建议，引起了以色列政府相关部门的高度重视。报告经修改后，又发表在上海外国语大学中东研究所主办的英文版学术期刊《中东与伊斯兰研究（亚洲）》[*Journal of Middle East and Islamic Studies*（*in Asia*）] 2011 年第 2 期上。①

近年来特别是中国“一带一路”倡议的提出使以色列智库对中国的关注度不断提升，仅以 2016 年为例，国家安全研究所研究人员发表的与中国相关的文章和成果就有 12 篇，主要发布在该所主办的《INSS 洞察》和《战略评估》上。这些由智库内外专家所撰写的有关中国问题的研究报告和论文，涉及的题目有《美国的撤离和一带一路：中国在阿富汗的担心与挑战》、《中国与土耳其：掺杂疑虑的密切关系》、《选择性接触：阿拉伯之春后中国的中东政策》、《对于礁石的海上主张：国际仲裁法庭对南中国海问题的仲裁》、《中国在以色列港口抛下锚绳》、《中国副总理对埃及、以色列和巴勒斯坦自治区的访问》、《习近平访问后的埃及和中国》、《非洲之角的龙尾：中国在吉布提的后勤军事基地》等。②

特别值得关注的是，2013 年，国家安全研究所专门设立了中国项目，由以色列前驻欧盟大使、国家安全研究所前所长奥戴德·埃兰担任项目主任，其主要活动有：进行关系中国与中东和中以关系的研究，扩大关于中国参与中东事务的公开讨论，为决策者提供政策导向性的评估报告和政策建议，就与中以关系相关议题召集学者和官方人士举办论坛和讨论会，与中国智库开展战略对话。除了发布更多与中国有关的研究成果外，2013 年 12 月，中国项目还专门出版一份每两周一期的简报——《聚焦中国——有关中国文章的双周纵览》(*Focus on China – A Bi-weekly Survey of Articles about China*)，报道中国的新闻大事和中以关系的相关消息，以英语和希伯来语进行编译，信息来源包括《中国日报》、新华社的英文报道，以及《纽约时报》、ABC 等西方媒体和以色列国内媒体的相关报道。这是以色列唯一的动态跟踪中国情况的出版物，对相关研究人员很有参考价值。③ 2016 年 3 月，该简报改成《中国快讯》(*China Up-*

① Aron Shai, “Sino-Israeli Relations: Current Reality and Future Prospect,” *Journal of Middle East and Islamic Studies* (*In Asia*), No. 2, 2010, pp. 17 – 42.

② http://www. inss. org. il/index. aspx?id = 4434.

③ 根据 INSS 网站相关数据统计，详见 http://www. inss. org. il/index. aspx?id = 5126。

date)，并开始每月出版，但 2016 年 4 月后未有更新。

国家安全研究所还举办了多次有关中国研究的研讨会，如 2015 年 1 月 27 日召开的中以两国的经济论坛会议。中国项目主任奥戴德·埃兰主持会议，参加会议的主要人员有时任以色列驻华大使马腾（Matan Vilnai），以色列外交部副总司长、亚太司司长马克·索费尔（Mark Sofer），以色列议会议员、前科技部部长雅可夫·佩里（Yaacov Peri），总理办公室国家经济委员会主任尤金·坎德尔（Eugene Kandel），前摩萨德首脑埃夫拉姆·哈列维（Ephraim Halevy），以色列制造商协会外贸和国际关系部主席阿米兰姆·肖尔（Amiram Shor），特拉维夫大学前校长、前以色列驻美国大使伊塔马尔·拉比诺维奇（Itamar Rabinovitch）教授，特拉维夫大学谢爱伦（Aron Shai）教授等，包括以色列政界、学术界和商界以及与中以关系相关的各类精英，会议还邀请了中国驻以色列大使馆经济商务参赞吴彬参会并介绍了中国与以色列的经济联系。这种思想的直接交流和碰撞，无疑会对以色列的对华政策产生积极的影响。①

主办赫兹利亚会议的政策与战略研究所和中以学术交流促进协会于 2016 年 9 月 29 日在赫兹利亚举办了以色列的中国政策会议，会议分为三个议题：以色列与“一带一路”——中国丝绸之路倡议的经济与政治影响；从繁荣经济和研发合作到中以地缘政治；中以关系的未来——定义和实现以色列的利益。参会人员中有中国驻以色列大使詹永新和以色列驻中国大使马腾、以色列外交部官员、政策与战略研究所的学者、以色列交通和道路安全部官员，以及媒体人员等，参加会议的中国学者分别来自清华大学、中国人民大学和北京语言大学。会议表明了以色列智库对中国“一带一路”倡议的高度关注和以色列融入“一带一路”建设的迫切愿望。

二　中国智库对以色列的研究

中国的以色列研究是在 1978 年改革开放以后才开始起步的，最初的成果只是部分学者的一些译著和介绍性、知识性著作。1985 年，北京大学开设了国内第一个希伯来语本科专业，开启了中国学生直接了解以色列和学习犹太民族语言——希伯来语的大门，也为之后中国的以色列研究的开展储备了一批人

① http://www.inss.org.il/index.aspx?id=4480&eventid=8576.

才。1988 年成立的上海犹太研究中心以举办以色列研究年会的方式，承担了会聚全国各地以色列研究学者职能。随着 1992 年中以建交，中国的以色列研究也逐步发展壮大，并形成了中国以色列研究的学术群体，如中国社会科学院西亚非洲研究所、中国现代国际关系研究院、南京大学犹太文化研究所、上海社会科学院、上海外国语大学中东研究所、上海国际问题研究所、西北大学、云南大学等出现了一批研究以色列问题的学者。需要指出的是，由于以色列研究和犹太研究在中国学术界的界限较为模糊，不少学者是以犹太研究为主而兼顾以色列研究，有些学者则是在投身中东研究领域研究的同时关注以色列研究。这些学者不少来自高校中的教学或学术研究机构，从事以色列研究的智库学者则主要来自部分国际问题研究智库和中东研究智库。

近年来，随着智库建设在中国的蓬勃兴起、“一带一路”倡议的实施、国别区域研究日益受到重视和中以创新合作机制的建立，以色列研究在中国的发展也呈现爆发式的增长。国内不少高校成立了以以色列研究中心命名的国别研究机构，在从事基础研究的同时，也强化了政策导向性研究，以发挥智库作用，如上海外国语大学以色列研究中心、四川外国语大学以色列研究中心、云南大学以色列研究中心等，而原有的以犹太宗教文化研究为主的南京大学犹太文化研究所、河南大学犹太研究所等机构也将以色列研究作为其新的增长点。这些以色列研究机构都承担着向国家有关部门和地方政府提交研究报告和政策建议的任务。

近年来，中国以色列研究成果大幅增长，涉及以色列政治、经济、社会、文化、对外关系等各领域，研究视野也更为深入、广泛，以色列少数族裔、大屠杀记忆、创新机制等方面的研究也不断增多。其中有不少是来自这些初具智库性质的以色列研究机构，如河南大学以色列研究中心的《以色列蓝皮书：以色列发展报告》是国内第一部全面透析当今以色列发展状况的蓝皮书，对于从事以色列研究的学者具有重要的参考价值，目前已出版了 2015 年版和 2016 年版两本年度发展报告。这些以色列研究机构学者及其培养的学生以以色列研究为主题的期刊论文、硕博士学位论文等更是不胜枚举。

有关以色列研究的学术会议也日渐增多，如 2012 年 6 月，上海外国语大学以色列研究中心、巴依兰大学和中以学术交流促进协会共同举办了“两种古老文明的对话——以色列研究在中国”国际学术研讨会；2014 年 6 月，中国中东学会、河南大学以色列研究中心和河南大学历史文化学院联合举办了“以色列研究暨中东热点问题论坛”，使国内从事以色列研究的学者有了更多的机会进行直接的学术交流。

另外，值得一提的是，随着中以创新合作机制的确立，2015 年 10 月，在刘延东副总理的直接倡导和教育部的直接推动下，由南京大学牵头，联合山东大学、河南大学、北京大学、北京外国语大学、上海外国语大学、四川外国语大学和对外经济贸易大学共同组建了中国犹太文化研究联盟。这是中国高等教育系统各犹太文化研究机构和以色列研究机构的联合体，联盟已将以色列研究作为联盟的重点合作研究项目。

三 中国与以色列智库的交流合作

两国建交后不久，中国和以色列智库学者之间就开始交流，两国智库学者之间屡有互访，以上海外国语大学中东研究所为例，其每年都要接待数批来自以色列智库的学者。上海外国语大学中东研究所、上海国际问题研究院、上海社科院等智库的一批研究人员曾获得以色列外交部中以互换奖学金的资助，前往以色列智库访学。不过，这些交流仍显零散，尚未实现机制化。

近年来，随着以色列政府及社会各界对中国的重视，中以智库之间的学术交流也日渐频繁。2013 年 11 月 17 ~21 日，以色列国家安全研究所所长亚德林将军率领一个代表团访问了中国，与中国外交部下属的智库中国国际问题研究所[①]（CIIS）展开交流。实际上，国家安全研究所和中国国际问题研究所自 1994 年以来就举行了战略对话。[②] 而中联部下属的智库当代世界研究中心成员也曾造访以色列，与以色列的多个著名智库进行广泛交流。

除了两国智库加强交流与合作的自身要求以外，还有一些机构在推动中以智库交流方面也起到了重要作用。

如中以学术交流促进协会（Sino-Israel Global Network & Academic Leadership, SIGNAL）是一家通过高层交流互动加强中国和以色列在战略、外交、文化以及经济领域合作的行动导向机构。中以学术交流促进协会已在中国和以色列两国建立起长期重要联盟，并致力于推动两国之间互惠互利、前景广阔的合

---

① 2014 年 6 月，更名为“中国国际问题研究院”。

② 陈广猛：《以色列智库对外交政策的影响》，《西亚非洲》2016 年第 4 期，第 158 页。

作。2011 年，协会与国际事务研究中心合作，邀请了 14 位中国国际问题和中东问题等方面的智库学者参加了中以战略安全研讨会。① 中以学术交流促进协会每年还邀请数位以色列智库中的以色列研究专家前来中国的以色列研究机构进行短期讲学。2014 年，以色列国家安全研究所前所长、以色列前驻欧盟大使奥戴德·埃兰就曾前来中国，在上海外国语大学以色列研究中心等数家以色列研究智库进行讲学。

中国外交部和驻以色列大使馆也积极推动中以智库间的学术交流。2016 年 11 月，中国驻以色列大使馆邀请上海外国语大学中东研究所和以色列研究中心的 5 名学者访问了以色列，与贝京—萨达特战略研究中心、摩西·达扬中东和非洲研究中心及国际反恐研究所等智库学者就中东局势、中以关系、美以关系等议题展开了交流。

美国犹太基金会和美国犹太组织也积极行动，推动中以智库交流与合作，如美国犹太人委员会（AJC）2011 年 1 月邀请和资助一批中国以色列研究智库学者前往以色列，与以色列智库学者展开交流，并会见了以色列副外长。2012 年 9 月，美国格莱泽基金会和舒斯特曼基金会邀请和资助以色列智库学者代表团前来中国，与上海外国语大学以色列研究中心合作举办了“中国、以色列和新中东”学术座谈会。

以色列积极响应“一带一路”倡议为中以智库合作带来了更多的机遇和更为广阔的合作空间。关于中以在“一带一路”倡议下的智库合作特提出以下建议。

（1）中以智库之间应当加强沟通，建立起机制化的智库交流与合作机制，如建立中以智库论坛，由中国和以色列的智库轮流举办。两国智库就地区安全、“一带一路”与中以合作等具体议题开展合作研究，为每年的中以创新合作委员会会议提供政策咨询建议。

（2）中以智库合作应着力于推动两国民心相通，发挥智库在本国居民中的教育功能，纠正双方的认知偏差。如以色列部分政治家和民众对中以之间的一些合作项目和中国企业在以色列进行的收购活动心存疑虑。又如，中国民众对以色列也存在不少认知偏差，多数中国人在以色列的国情和犹太文化方面的

① http://sino-israel.org/programs/.

知识较为欠缺，以色列人大多性情直率，喜欢发表自己的意见，这与中国人含蓄谦逊的民族性格恰成对照，难免会给双方的交流带来一些障碍。随着中国大力推进“一带一路”倡议与中以经贸合作和教育、人文交流的深入发展，将有更多的中国企业、商人、工人、旅游者、留学生、文化工作者以及金融和法律等专业人士进入以色列或从事与以色列相关的活动，成为中国与以色列之间人文交流的重要行为体，双方的直接交流将不断增多，但人们对以色列国内的政治环境、经济发展环境、宗教环境、文化背景、法律环境、工会组织地位等仍缺乏必要的了解。中以智库学者应首先增进相互了解，避免认知偏差，并合作展开深入而客观的研究，了解以色列民众的疑虑和诉求及中国民众对以色列的认知偏差，通过各种方式消除公众的疑虑和误解。

（3）中以智库合作不必局限于中以关系的范畴，中国智库与阿拉伯国家和伊朗的智库也有良好关系，以色列的很多智库则与美国犹太社团有着密切的关系，中以智库间的交流与合作可以为阿以和平与中美交往提供某种渠道。

第二节　“一带一路”倡议下中国与土耳其智库的合作

一　土耳其智库同中国智库的交流现状及发展

当前土耳其智库同中国智库的交流情况，除却笔者在前文所述的散见于各大报纸的一些交流情况外，上海外国语大学的中东研究所是目前同土耳其官方智库机构交流较多的国内智库：土耳其外交部战略研究中心分别于 2012 年和 2014 年到访中东研究所[①]，由土耳其前总参谋长伊尔凯尔·巴什布（Ilker Başbuğ）率领的军方人士智库代表团在 2016 年访问上海期间，也曾访问上外中东所并就叙利亚和伊拉克局势同中东所研究人员分享观点[②]。而就重大交流会议而言，目前笔者搜寻到的信息仅有上文提及的中国人大智库重阳金融研究院参与在土耳其 G20 峰会期间举办的 T20 智库峰会，以及 2014 年 12 月由两国

① http://mideast.shisu.edu.cn/cc/cb/c3991a52427/page.htm，http://mideast.shisu.edu.cn/f0/94/c3991a61588/page.htm.

② http://mideast.shisu.edu.cn/53/5f/c3991a86879/page.htm.

官方组织举办的“共建‘一带一路’：历史启示与时代机遇”国际研讨会。应该说，目前两国智库的交流合作仍处于起步阶段，两国智库行业应意识到“一带一路”倡议正是推动合作进一步快速发展的时机。

二　“一带一路”倡议与中土研究

通过对上述中土双方智库交流的信息梳理，我们也可以发现，目前中土智库间的交流很大程度上依赖于两国高校提供的平台及资源——前面我们已经提及，土耳其智库的人才短缺问题目前依赖高校人员的兼职得以缓解，但又由于大量有潜力的高校实习生不认同专职智库研究这一行业，人力资源建设长期遭遇瓶颈；同样的，中国智库的建设也依赖高校提供平台及输出高质量的研究者。因此，在“一带一路”倡议背景下考察两国智库交流过程时，我们需要将视角转回到中土两国高校学界对对方国家的研究中。

1. 土耳其的中国研究

土耳其的汉学（中国学）研究是在共和国建立者凯末尔的领导下开始的。1935 年，凯末尔邀请世界著名的德国突厥学家加拜因（Annmarie von Gabain）来到安卡拉大学历史地理和文学院（Ankara üniversitesi Dil ve Tarih-Coğrafya Fakültesi，以下简称“史地文学院”），帮助筹建汉学系，并开展中亚突厥史和文化研究。1937 年，德国著名汉学家及民族学家艾伯华（Wolfram Eberhard）接替了加拜因。艾伯华教授在柏林大学就读期间主修汉语和汉学，同时副修西方文学和民族学，因此，在安大史地文学院任教期间，艾伯华教授既传授汉学相关知识，继续从民族学视角开展同中国相关的研究，同时亦充分发挥自己的汉学学科背景优势，在进行土耳其民族学调查时结合中国史料，对土耳其历史、文化和种族的源头及其历史上同中国王朝之间的关系进行考证和剖析。艾伯华教授的众多学术著作为土耳其汉学的发展奠定了基础，同时亦为土耳其汉学研究路径奠定了基本框架。

就著作方面而言，除了一系列重要的汉语学习工具书外，艾伯华教授分别于 1942 年和 1946 年出版了《中国北方邻族》《中国历史》《汉学入门》三本著作，将研究重点置于突厥历史。

就研究路径而言，在艾伯华教授的影响下土耳其汉学研究产生了两种不同的路径：其一，是以汉学研究为方向的，直接考察中国的语言、文学、地理、文化等；其二，即是艾伯华教授开创的，通过中国史料梳理其中关于古代突厥人历史和文化的知识，从而对于土耳其及突厥民族的历史、文化和种族源头进行考据和解释。

在艾伯华之后，土耳其也涌现出了大量出色的汉学学者，Muhaddere Nabi Özerdim教授是土耳其本土培养的第一位汉学家。她在艾伯华离开土耳其后接任了安大汉学系主任一职。Özerdim教授在中国哲学、中国文学和中亚突厥史方面著述颇丰，正是由于她的努力，土耳其读者才有机会通过第一手资料直接了解中国文化：1940 年，她完成了第一部汉语—土耳其语译著，之后 1962 年，由她翻译完成的《论语》在土耳其出版。在关注中国古典的孔孟老庄学说之外，Özerdim教授对中国古典文学也非常感兴趣，在其著作《诗经文集》和《中国诗歌精华》中，她将大量中国古典诗歌翻译为土耳其语，并将自己的研究心得同本国学者分享。在她之后，Ahmet Rıza Bekin教授和 Pulat Otkan 教授通过史料对中亚地区和新疆地区的历史、政治、文化进行了大量研究。

土耳其历史学家也对汉学研究做出了突出贡献，艾伯华教授的学生 Bahaeddin Ögel 通过使用第一手汉语史料对匈奴、月氏、乌孙、突厥、契丹和维吾尔等中亚重要族群进行了深入研究，并在参考大量汉语材料的基础上完成了《大匈奴帝国史》、《中突关系——成吉思汗的中国王朝与他的突厥顾问》、《乌孙及其政治边界的某些问题——以中国史料为依据》和《匈奴帝国建立前的北方民族》等著作。这些至今仍是土耳其从事相关领域研究的必读经典著述。除上述学者之外，Ayşe Onat、Özkan İzgi、Bülent Okay、Gülçin Çandarlıoğlu、Tülay Çakmak、Müesser Öztürk 等也分别从政治、历史、文学等角度，结合一手中国史料对古代历史上中国王朝及突厥民族间的关系进行了考察。

建国初期，共和国创立者凯末尔基于新的民族史观的建构，将土耳其民族的历史源头推导到了“遥远的过去”，首先通过欧洲的突厥学，之后通过引入欧洲的汉学研究开始“重新发现”突厥历史——将历史材料作为近代民族主义意识形态的基本材料。笔者以为，这其实是土耳其人了解中国和学习中国文化的原初动机。自凯末尔时代以降，通过这几十年的发展，土耳其的汉学研究确已取得较大成就。其中最为成功的项目是 1997 年开始的“土耳其世界的历史——从远古到现代”研究项目。该项目计划将中国官方典籍中同土耳其有关的记载翻译成土耳其语。此外，由于中国孔子学院的大力推广，土耳其学界也有机会同中国高校共建孔子学院这一交流平台，共享资源；目前土耳其安卡拉中东技术大学（Orta Doğu Teknik Üniversitesi）和土耳其海峡大学（Boğaziçi Üniversitesi）都建有孔子学院。

2. 中国的土耳其研究

中国的土耳其研究，大致可以分为改革开放前和改革开放后两个阶段。

改革开放前，在整体上，我国的人文社科研究受到冷战格局以及国内政治意识形态的巨大影响，长期模仿苏联的研究模式。这大大限制了我国学者的研究视野和研究内容，在这一背景下，我国对土耳其的研究也受到了影响。改革开放前，我国对土耳其的学术研究基本上处于停滞状态。但需要提及的是，虽然在冷战背景下两国关系疏远，且土耳其当时的国际影响力相对较小，但这并不是说当时的国人对土耳其完全不关注。从意识形态的角度来说，在当时简单二元划分的资本主义和社会主义阵营对立背景下，被视为现代土耳其立国之本的"凯末尔主义"（当时译为"基马尔主义"）曾遭到毛泽东的专门批判。冷战期间，中国更公开声明支持土耳其的左派运动。从现实政治角度来看，1971年建交之前，中土关系基本处于敌对状态，朝鲜战争无疑为重要因素——在这场战争中，土耳其作为美国盟友，其部队是美国主导的所谓"联合国军"的主力之一，这场战争的直接结果之一，就是中国将土耳其视为美帝国主义的走狗。

因此，在这一时期，由于受到意识形态及现实政治的双重影响，国内的土耳其研究基本以译介苏联学者的作品为土。这一时期最为重要的译著为安·菲·米列尔的《土耳其现代简明史》，此外60年代的《亚非译丛》也收入了一些苏联学者关于土耳其的研究作品。

改革开放后，中国学界的土耳其研究取得了比较大的进步，集中表现为研究范围扩大、研究水平提高和研究论著显著增加。为我国的土耳其史研究做出奠基性工作的是杨兆钧、彭树智和朱克柔等。之后，一些中青年学者对土耳其现代史进行了较深入的研究，如肖宪、孙振玉、董正华、黄维民、刘云、陈德成、毕健康等。

就研究领域而言，改革开放以来，我国学者对土耳其资产阶级革命重新进行了审视，继而对于土耳其国家现代化的经验进行了新的考察和认识，其中的代表作有朱克柔先生的《青年土耳其党人的历史作用》及《凯末尔对土耳其民族解放运动的贡献》，董正华的《土耳其现代化道路的基本特点——以凯末尔改革为重点》，以及彭树智先生、黄维民及刘云等编纂的一系列论著。在青年学者一辈中，由昝涛编著，生活·读书·新知三联书店出版的《现代国家与民族建构：20 世纪前期土耳其民族主义研究》是目前国内少有的专门就土耳其现代化过程中民族主义的作用进行考察论述的专著。以资产阶级革命和国家现代化为主线，相关学者也针对这一过程中产生的其他问题，诸如伊斯兰复兴、世俗化进程、外交、民主化、与欧盟关系、库尔德问题等进行了考察。译著方面在这一时期也取得了较大进展，1982 年范中廉翻译了英国学者伯纳德·刘易斯著的《现代土耳其的兴起》，该书对国内土耳其研究产生了极大的推动作用；美国著名土耳其研究专家斯坦福·肖的《奥斯曼帝国》也被译成中文并出版，近年来在国外影响较大的两本关于奥斯曼帝国的著述——卡罗琳·芬寇尔（Caroline Finkel）的《鄂图曼帝国三部曲 1300 - 1923：奥斯曼的黄粱梦》和尤金·罗根（Eugene L. Rogan）的《鄂图曼帝国的陨落》——都有了中译本，对于研究古代奥斯曼土耳其帝国历史及奥斯曼帝国晚期历史来讲，这两部著述的中译本都具有很高的参考价值。

三　中土两国智库在“一带一路”战略倡议下合作的展望

1. 土耳其智库界的期待

应该说，从上述搜集的材料看来，“一带一路”倡议已逐步进入土耳其智库的研究视野。土耳其外交部战略研究中心（SAM）兼土耳其国际战略研究所（USAK）顾问克拉克格鲁（Selçuk Çolakoğlu）教授认为，土耳其和中国是两个最渴望复兴“丝绸之路”的国家，在“丝绸之路经济带”相关自由贸易协定的促进下，两国人民的生活水准将获得提高。国家之间共同创建的“福利区”，能消除各国民众间的障碍[①]。土耳其海峡大学亚洲研究中心主任阿特勒（Altay Atılı）在参与上文提及的国际研讨会时也指出，“新丝绸之路”使国与国之间关系更加密切，特别是陆上交通通道的建设对土耳其尤为重要。实现互联互通固然重要，但“一带一路”建设不应局限于此，还要发展共同的“经济带”，形成经济共同体。

---

① 黎史翔：《中国经济准备步入新常态》，《法制晚报》2014 年 12 月 9 日。

如果说“一带一路”倡议在一开始给沿线国家带来的是经济上的期待，那么，如何保证这一经济带的安全以及沿线国家的安全稳定也是智库需要关注的重点课题。如上文所述，土耳其智库对于周边国家（尤其是叙利亚和伊拉克）的局势判断是其研究的重点，而近年来叙利亚局势的恶化和“伊斯兰国”势力的泛滥使得土耳其智库需要同其他国家智库合作，分享信息，共商地区局势。2016 年土前总参谋长巴什布将军访问上海高校智库时也明确了这一目的：“这次来上海，我们终于有机会（同中国同行们）分享我们所知的以下信息：在叙利亚和伊拉克发生的一切，土耳其在该地区同恐怖组织进行的斗争以及（我们对）该地区未来局势（的评估）。”巴布什将军表示，随着两国经贸关系的发展，两国的接触往来不应停留在高层层面，民间组织的频繁往来将对两国关系发展更有助益。①

2. 两国智库合作的展望

笔者前期媒体调查②发现，土耳其民众目前对于中国的了解依然不足，更遑论对于“一带一路”倡议的了解了，目前土主流媒体的关注点多聚焦在所谓的“维吾尔问题”上，更有土主流媒体评论员曾撰文表示，土耳其虽从正面评估“一带一路”项目，但同时需持谨慎态度，需要进一步了解中国在具体举动背后的意图③。而在中国，国人对于土耳其的了解情况虽较之前有了较大改善，但由于东突分子的恐怖主义运动，国人对于土耳其的印象往往同该恐怖主义组织有所联系，加之近年来土耳其边境局势动荡，境内恐怖袭击连连，国人对土耳其的国家印象更是大打折扣。

以媒体为代表的大众媒介具有强大的“议程设置功能”，往往根据社会文化规范和媒体自身的价值观向公众传递信息，而这些信息的准确性同专业智库通过长期综合调研得出的成果不可同日而语，可能在公众舆论中起误导作用。

那么，在目前“一带一路”大背景下，作为专业咨政机构的智库，应该如何通过合作，将准确的信息传递给民众呢？笔者以为可以从以下几个方面

① http://aa. com. tr/tr/turkiye/eski-genelkurmay-baskani-basbug-turkiyenin-terorle-mucadelesini-ve-goru-slerini-sanghayda-aktardik/696828.

② 陈清：《土耳其媒体生态及其对中国报道情况》，载姜锋《“媒”力世界：“一带一路”沿线国家媒体生态调研》，上海人民出版社，2017，第 59 页。

③ Serkan Demirtaş, “Çin'den ‘stratejik’ İpek Yolu Hamlesi, Hürriyet,” July 5, 2015, http://www.hurriyet. com. tr/ekonomi/26744988. asp.

考虑：

（1）2014年由两国官方组织举办的“共建‘一带一路’：历史启示与时代机遇”国际研讨会值得继续推广，由官方推动建立的这一合作平台，为两国智库提供了广泛的交流机会；

（2）在官方机构举办研讨会的基础上，两国智库，尤其是民间智库，应立足各自专业领域开展深入合作和交流，在“一带一路”大背景下开展涉及经济、政治、安全等议题的研究合作，在官方指导的大原则下共同开发研究成果，起到为两国政府合作提供建议的作用；

（3）通过梳理两国高校学界对对方国家的研究，我们可以发现，无论是土耳其高校对于中国古代历史中关于古突厥文明及文化的考据，还是中国学界对于近代土耳其变革过程中各类因素的考察，在“一带一路”倡议的背景下，似乎没有发挥出智库咨政议政的意见参考功能，但笔者以为，“一带一路”倡议基于历史展望未来，智库人才在咨政议政的过程中更需要准确及深厚的历史知识，否则智库咨政议政难免成无源之水、无本之木。因此，一方面，智库需要高校提供此类高质量人才；另一方面，智库更需要同高校形成优势互补，借助高校完善的知识和人才储备，保证咨政议政的效度及信度；

（4）两国智库应该更多地起到意见领袖的作用，目前的网络普及使得意见领袖的作用大大增强，两国智库应该更多地通过媒体主动发声，不仅同本国媒体，更应同对方国家媒体逐步建立良好的合作关系，以媒体为纽带，发布关于两国发展及合作的准确信息，普及“一带一路”倡议及可能带来的利益认知，推动中土两国民众了解相关信息及两国政府在“一带一路”中的合作。

第三节 “一带一路”倡议下中国与伊朗智库的合作

一 “一带一路”倡议与伊朗

19世纪末，德国地质地理学家李希霍芬在《中国》一书中，把从公元前114年至公元127年间，中国与中亚、中国与印度间以丝绸贸易为媒介的这条西域交通道路命名为“丝绸之路”，这一名词很快被学术界和大众所接受并正式运用。其后，德国历史学家赫尔曼在20世纪初出版的《中国与叙利亚之间的古代丝绸之路》一书中，根据新发现的文物考古资料，进一步把丝绸之路延伸到地中海西岸和小亚细亚，确定了丝绸之路的基本内涵，即它是中国古代经过中亚通往南亚、西亚以及欧洲、北非的陆上贸易交往的通道。

传统的丝绸之路，起自中国古代都城长安（今西安），经中亚国家、阿富汗、伊朗、伊拉克、叙利亚等而达地中海，以罗马为终点，全长约 6440 公里。这条路被认为是联结亚欧大陆的古代东西方文明的交汇之路，而丝绸则是最具代表性的货物。数千年来，游牧民族或部落、商人、教徒、外交家、士兵和学术考察者沿着丝绸之路进行了各种活动。

2013 年 9 月 7 日，国家主席习近平在哈萨克斯坦扎尔巴耶夫大学发表题为《弘扬人民友谊，共创美好未来》的重要演讲，全面阐述了中国对中亚国家睦邻友好合作政策，倡议用创新的合作模式，共同建设“丝绸之路经济带”，将其作为一项造福沿途各国人民的大事业。

2014 年 6 月 22 日在卡塔尔多哈进行的第 38 届世界遗产大会宣布，中哈吉三国联合申报的古丝绸之路的东段“丝绸之路：长安—天山廊道的路网”成功申报世界文化遗产，成为首例跨国合作、成功申遗的项目。在卡塔尔多哈召开的联合国教科文组织第 38 届世界遗产委员会会议审议通过中国大运河项目和中国、哈萨克斯坦、吉尔吉斯斯坦跨国联合申报的丝绸之路项目列入《世界遗产名录》，成为中国第 32 项和第 33 项世界文化遗产。其中“丝绸之路”是中国首次进行跨国联合申遗。

在 2000 多年的丝路历史上，伊朗作为其沿线国家之一发挥过举足轻重的作用，是中国丝绸战略中的天然合作伙伴。首先，丝绸之路公认的起点是西安，终点是罗马，位于中间的就是波斯，因此波斯扮演了桥梁的角色。中国大量的考古发现都证实了这一点，比如中国出土的外国钱币中 95% 以上来自当时波斯的萨珊王朝。伊朗不仅沟通着古代中国至地中海沿岸乃至欧洲的商业、贸易和技术的传播，其重要的地缘战略位置与互补优势，在当今中国的中东外交与中东政策的制定中仍旧具有重要的地位。

其次，波斯是一个盛产宗教的国度，几乎所有与波斯相关的宗教都传到了中国，还有一些本来不是波斯创造的，也经过波斯人传到了中国。中国与伊朗宗教联系的核心内容是与伊斯兰教和穆斯林的关系，其中“波斯因素”又是中国伊斯兰文化的重要特征之一。

最后，提出“丝绸之路”概念的李希霍芬的学生、瑞典地理学家斯文·

赫定在《丝绸之路》一书中指出："丝绸之路是穿越整个旧世界的最长的路。从文化—历史的观点看，这是联结地球上存在过的各民族和各大陆的最重要的纽带。"丝绸之路不单运送丝绸等货物，这条路还承载着文化和文字语言的交流传承功能。福建的历史名城泉州见证了波斯人曾经还是海上丝绸之路的重要参与者。在泉州博物馆里的石棺石碑及雕刻遗物上的文字，超过一半是用波斯文书写的。

中国和伊朗位于亚洲的东西两端，同为文明古国。在古代，这两个文明强国通过丝绸之路，在文化上互相欣赏和影响。历史上，伊朗在丝绸之路上发挥了重大的作用，对促进和加强东、西方国家的经贸和文化交流及推动人类文明的进步做出过巨大的贡献，其中中伊两国间的文化交流被视为世界各大文明友好交流的典范。近代以来，两国都曾沦为半殖民地国家，通过现代化的革命斗争赢得了国家主权与民族独立。这两个国家在历史文化发展过程中具有不少共性，这些相似性为两国人民的友好往来、互相尊重和理解奠定了坚实的基础。

二　中伊智库合作

1. 开展智库外交的必要性

智库外交是指一个国家为了化解外交事务中的知识危机，制度化吸纳智库及其人员参与决策、执行、监督、评估等外交过程的一切关系、形式和活动的总和。[①] 按照智库参与外交所扮演的角色分类，可以将其分为知识外交、二轨外交和公民外交。在知识外交中，智库的主要任务是为外交系统提供思想、政策等方面的咨询和建议，不直接参与任何具体履行外交使命的外交实践。二轨外交是指非官方或半官方人士包括学者、退休官员、公共人物和社会积极分子等参与外交对话，寻找解决问题和创建信任的机会。在二轨外交中，智库开始接受外交使命，参与官方外交对话或者得到官方授意以公开的、非官方论坛的形式探索实现外交目的途径。公民外交是指普通公民无意中或者通过精心设计作为国家代表参与的科技交流、文化交流、教育交流以及体育交流等国际交流，进而为两国外交关系创造机会之窗，特别是当两国官方交流渠道不可靠或者不畅通的时候，公民外交就是理想的外交工具，它可以补充官方外交甚至突

① 赵可金：《中外智库外交的五维比较》，《公共外交季刊》2014 年第 1 期。

破官方外交的限制。

智库外交在建设“一带一路”中具有独特作用。首先，智库合作有利于沿线国家分享发展经验。大部分“一带一路”沿线国家是发展中国家，发展是主要任务。智库合作是分享发展经验的有效途径，可为实现共同可持续发展创作条件。其次，智库合作可以为“一带一路”建设出谋划策，找到解决问题的方案，促进“一带一路”构想落地。再次，智库合作有利于营造“一带一路”合作的良好氛围。最后，智库还具备另外一项重要职能，就是引导社会舆论，让正确的声音成为主流民意。然而，虽然智库之间开展合作很重要，但是目前智库合作还处于初级阶段。在“一带一路”建设中，各国智库之间如何深化合作，开展有实效、可持续的交流与合作，是需要认真思考和共同探讨的问题。①

2. *中伊智库合作现状*

中伊智库早在几年前就开始了交流与互访。主要依托上海国际问题研究所（院）、中国社科院、上海社科院、上海外国语大学中东研究所、伊朗确定国家利益委员会战略研究中心、伊朗政治与国际问题研究所等智库，但是双方尚未建立起双边智库合作常态机制，中方对伊朗智库的研究也刚刚起步。

2014 年 9 月，中国人民大学代表团完成赴伊朗展开智库调研的工作。代表团与伊朗金融界、经济界、外交界、高校和智库等近 20 家机构 60 多位精英就热点议题展开了广泛、深入的对话。伊朗高校纷纷表达了对建立双方高校互派访问学者、交流学生机制的浓厚兴趣，伊朗重要智库战略研究中心主任、前外交部部长韦拉亚提也表达了与中国人民大学重阳金融研究院进行智库二轨对话的意愿。这可以说是中国学者对伊朗智库的第一次正式的调研。

2016 年 1 月 23 日，中国国家主席习近平对伊朗进行国事访问。同日，中伊“一带一路”智库对话在伊朗首都德黑兰举行。两国签署了《中国国家发改委、中国人民大学和伊朗外交部、伊朗政治与国际问题研究院共建“一带一路”智库合作备忘录》。该协议是有史以来第一个重要大国之间官学合作、共建“一带一路”的国际智库合作协议，是习近平主席访问伊朗的重要成果，也意味着中国“一带一路”倡议的推进，尤其在政策沟通、民心相通方面迈

① 《深化“一带一路”智库合作》，http://www.waterinfo.com.cn/special/181/193/194/201605/t20160524_3641.html，2016 年 5 月 24 日。

出了重要一步，初步建立了“官学联合、跨国推进‘一带一路’建设”的智库合作模式。[①] 该协议的具体内容包括：双方在学术与研究领域的交流与合作，互派访问学者，推进在一些重大课题上的共同研究等。该智库合作协议还明确指出，相关内容由中国人民大学重阳金融研究院、伊朗政治与国际问题研究院负责具体实施推进。[②] 除此之外，为整合不同领域的研究资源，国内还出现了不少研究“一带一路”的智库，并先后成立了“一带一路”智库合作联盟、丝路国际智库网络、“一带一路”百人论坛、高校智库联盟等联盟性组织机制共 11 个。目前中伊智库交流合作的平台主要包括以下几种。

（1）联合举办研讨会

主要依托中伊智库，如中国社会科学院、上海国际问题研究所、中国人民大学重阳金融研究院、上海社会科学院、上海外国语大学中东研究所、伊朗总统战略研究中心、伊朗外交部政治与国际问题研究所、国际关系学院、确定国家利益委员会战略研究中心等智库机构实施。

至今两国智库已经就“一带一路”倡议举行过多次研讨会。会议围绕中伊关系、“一带一路”倡议、中伊在地区和国际事务上的合作、当前中东地区形势等议题进行了广泛而深入的交流。2015 年 12 月 6 日，伊朗政治和国际问题研究中心举行了第一届“一带一路”专门研讨会，就中国国家主席于 2013 年提出的“一带一路”进行了专题讨论。研讨会上，中国智库成员全面介绍了“一带一路”倡议，并指出该倡议对提升中伊友好合作具有重大意义，双方在能源、产业、技术、基础设施和文化等方面合作潜力巨大。会上还提到了名为“丝绸之风”的网络丝绸之路以及《中亚地区经济合作计划》、《中巴经济走廊》等方案，并就伊朗在这些方案中的利益进行了讨论。

2016 年 1 月 18 ~ 19 日，中国社会科学院代表团在中国中东学会会长、西亚非洲研究所所长杨光研究员率领下访问伊朗，在德黑兰分别与伊朗总统战略研究中心（CSS）、伊朗外交部下属政治与国际问题研究所（IPIS）、国际关系学院三家智库就“‘一带一路’倡议与中伊合作”主题联合举办了一系列研讨会。双方学者就习近平主席访问伊朗的意义、中伊关系、“一带一路”倡议、中伊在地区和国际事务上的合作、当前中东形势、共同打击恐怖主义等议题进

---

① 王文：《透过伊朗高访看中国智库外交》，《对外传播》2016 年第 3 期，第 38 页。

② 王文：《透过伊朗高访看中国智库外交》，《对外传播》2016 年第 3 期，第 38 页。

行了广泛而深入的交流。

在研讨会中中伊智库就“一带一路”倡议达成了一定的共识，例如两国智库都同意伊朗是“一带一路”的天然合作伙伴，中伊可以以此为契机在中东地区事务上深入开展合作，推动地区热点问题的解决，以促进地区和平与稳定。同时，这个倡议对伊朗而言是一个很好的机会，尤其是在后制裁时期，伊朗可以在这个计划中扮演重要的角色，可以合作的领域和机会将随之增加。

伊朗旅游、手工业和文化遗产组织国际事务部主任拉丹·贾法里·德黑兰尼指出，中国是十大旅游业大国之一，2012 年丝绸之路被列入了世界文化遗产的名单，2015 年在西安举办了丝路沿线国家旅游部长大会，并签订了“创新西安”协议，该协议在丝路市场开发和宣传、重建丝路沿线的古代游牧民族的客栈和蒙古包、完善丝路沿线国家的陆路和航空设备这三个方面达成了一致。

在初步达成共识的基础上，伊朗智库学者还就伊朗可能承担的风险进行了讨论。他们认为的风险主要包括以下几个方面。

首先，伊朗加入丝路计划，其国家的独立性将遭到一定程度的破坏。伊朗确定国家利益委员会战略研究中心研究员穆赫森·沙里亚提·尼亚在高度评价“一带一路”的同时，也对这个方案的执行表示了怀疑，他认为“一带一路”战略可能会破坏伊朗的独立性。他认为，伊朗在地缘上一直保持着自己的独立性，和其他任何一个机构都没有任何结构性的联结，“一带一路”将在一定程度上影响到伊朗的独立性。面对这个倡议，伊朗必须重视如何在加入丝绸之路经济带的同时，保持自己的独特性，而不被纳入中国的轨道。

其次，伊朗将面临不少安全问题，尤其是网络安全方面。“一带一路”可能会对伊朗造成威胁：面对中国“强势进入”其安全领域，伊朗还没有做好足够的准备。如果中国掌控了伊朗市场，伊朗必须衡量其中的利弊。

再次，伊朗究竟可以从中获得多少利益的问题。国际问题专家侯赛因·纳西利指出，在“一带一路”倡议中，伊朗并没有任何优先权。中国和巴基斯坦从中获利。该学者在强调了伊朗战略地位的特殊性后表示，“一带一路”只占国家发展潜力的一小部分。外交部下属国际问题研究所对外经济关系室主任马吉德·兰吉巴尔达尔表示，基础设施建设是“一带一路”中最重要、最基本的问题，特别是对中亚和西亚而言将是一种挑战。

最后，中国正在由一个经济强国转变成经济帝国，这一转变对于伊朗而言，既是机遇又是威胁。中国的资源将更倾向一些具有强大经济实力的国家。尽管伊朗拥有战略地位的优势，但是在基础建设方面并不强大。除了上述短期的挑战，法律条文的统一将是中期的挑战，亚洲地区一体化将成为长期挑战。

（2）二轨外交

“第二轨道外交”又称“第二管道”或“第二线外交”，是与我们通常所说的“第一轨道”，即官方外交相对应的。第二轨道外交是指由非外交官或能代表官方观点并与官方产生互相影响的非官方人士所从事的“外交”。

在笔者亲临的一次智库交流中，曾任伊朗副外长、现任伊朗外交部国际与政治研究所国际问题研究与教育中心主任哈迪·索雷曼普尔（Hadi Soleimanpour）访问了上海外国语大学中东研究所，与智库专家就伊核问题全面协议达成与中伊关系等议题进行深入交流，其中特别提及了中国的“一带一路”倡议在伊项目落地时应注意的问题。关于对“一带一路”倡议在伊项目落地的看法，索雷曼普尔表示该倡议在伊朗非常受欢迎，伊方也做了多方面的积极努力，以利双方目标的实现，但他同时也提出了该倡议有关项目在伊推进时存在的不足之处。例如，习近平主席访问伊朗数月后，中国银行与伊朗银行的合作仍旧没有实质性的进展；与伊合作的大多是一些小公司，输入商品的质量整体不高，影响了伊民众对中国产品的认知；中伊大公司之间的项目合作可能出现因第三方介入带来的腐败；中国投资承建的个别大项目进展太慢等问题；在人文交流方面，虽有活动开展，但目前规模和影响力远远不够，尚未形成专门的交流机制。

（3）举办论坛

由“一带一路”智库合作联盟、中国人民大学重阳金融研究院与义乌市政府联合主办的“2016 中国（义乌）丝绸之路经济带城市国际论坛”于 2016 年 11 月 14 日举行。伊朗负责经济事务的前外交部副部长穆罕默德·阿里·穆萨维出席并发表演讲。他表示，在现代经济瞬息万变、各国经济体制不尽相同的背景下，我们需要建立一个负责且安全的体系来面对可能出现的风险。伊朗可以扮演非常重要的角色，而且也可以成为“一带一路”非常好的伙伴。

尽管伊朗政界、学界人士在公开场合普遍表示“一带一路”倡议对发展区域经济和推动中伊友好往来具有积极的意义，对于共建新丝路也有着美好的憧憬，然而，还是有部分智库学者在接受当地媒体采访或为其撰稿时提出了对中国新丝路倡议的疑惑和担忧。

第一，伊朗在“一带一路”倡议中扮演的角色尚不明确。在双方智库交流的过程中，伊朗在丝路沿线国家中的地位一直是模糊不清的。中国的智库代表团始终没有给出一个明确的定位。

第二，在伊朗受到制裁的背景下，中国廉价商品大批涌入伊朗市场。有智库学者指出，虽然中伊贸易往来涨势喜人，但是伊朗人对“中国制造”并无好感，对中国是否可能利用这一战略将大批低质量货物输入伊朗心存疑虑。

第三，丝路沿线国家拥有不同的政治制度、历史文化、思维模式，要在这些国家中开展“一带一路”建设还有很长的路要走。

针对这些问题，中国智库应当发挥其在解释政府政策上的职能，通过与伊朗智库的定期交流和沟通，除了在伊朗历史、文化背景下，解释中国的政策，同时也要关注对方国家对于“一带一路”的理解，出台的相关政策法规、实际执行过程中的问题。以资讯报告的方式提交给智库收集的信息首先会传递给伊朗的相关政府部门或机构，以便于它们了解到中国政府新出台的一些政策或趋势，更好地探索、创造新的合作机遇。另外通过中伊两国不同的研究中心和智囊机构，通过学者对话让双方相互认识、了解思想，以便对彼此有更多了解。

以色列、土耳其和伊朗这三个中东非阿拉伯国家的智库建设和发展各具特色，作为中国“一带一路”倡议沿线的重要国家，深入开展与三国的智库合作，围绕双方关切的议题开展智库合作，探索共同发展路径，通过合作研究提出政策建议，建立中以、中土和中伊智库联盟或论坛等平台和合作机制，增强智库间的协同与合作，可以加深相互认知、增强好感度和正能量、引导舆论话语甚至影响舆论决策。中国与中东非阿拉伯国家的智库合作仍处于起步阶段，可以预期，随着“一带一路”建设的深入推进，智库合作将迎来更多机遇。

参考文献

一 中文资料

（一）主要参考著作

吴天佑、傅曦编著《美国重要思想库》，时事出版社，1982。

夏禹龙等编著《现代智囊团》，知识出版社，1984。

张静怡：《世界著名思想库——美国兰德公司、伦敦国际战略研究所等见闻》，军事科学出版社，1985。

徐之先、徐淡编著《日本的脑库》，时事出版社，1989。

中国现代国际关系研究所编《美国思想库及其对华倾向》，时事出版社，2003。

中国现代国际关系研究院编《欧洲思想库及其对华研究》，时事出版社，2004。

中国现代国际关系研究院俄罗斯研究所编《俄罗斯外交思想库》，时事出版社，2005。

任晓：《第五种权力——论智库》，北京大学出版社，2015。

谢曙光主编《智库评论》，社会科学文献出版社，2015。

安德鲁里奇：《智库、公共政策和专家治策的政治学》，上海社会科学院出版社，2011。

王莉丽：《旋转门——美国智库研究》，国家行政学院出版社，2010。

李建军、崔树义主编《世界各国智库研究》，人民出版社，2010。

冯绍雷主编《智库——国外高校国际研究院比较研究》，上海人民出版社，2011。

冯叔均等编著《智库谋略——重大事件与智库贡献》，三联书店，2012。

李凌等：《智库产业——演化机理与发展趋势》，三联书店，2012。

李轶海主编《国际著名智库研究》，上海社会科学院出版社，2010。

李安芳等：《中国智库竞争力建设方略》，上海社会科学院出版社，2010。

金芳等：《西方学者论智库》，上海社会科学院出版社，2010

唐磊主编《当代智库的知识生产》，中国社会科学出版社，2015。

（二）主要参考论文

陈媛媛、李刚、关琳：《中外智库影响力研究评价述评》，《新疆大学学报》（哲学社会科学版）2015 年第 4 期。

吴育良：《国外智库信息服务的分析与启示》，《情报杂志》2015 年第 2 期。

李纯、崔小委：《全球智库发展概况及我国智库发展态势分析》，《图书馆与理论实践》2016 年第 6 期。

杨阳：《形形色色的“中东智库”》，《社会观察》2006 年第 8 期。

陈广猛：《以色列智库对外交政策的影响》，《西亚非洲》2016 年第 4 期。

闵捷：《教育发展和以色列智库建设》，《世界知识》2016 年第 22 期。

陈广猛：《英国学者对本国思想库的研究》，《国外社会科学》2012 年第 4 期。

薛澜：《智库热的冷思考：破解中国特色智库发展之道》，《中国行政管理》2014 年第 5 期。

王莉丽：《中国大学思想库建设的未来发展图景与路径》，《武汉大学学报》（哲学社会科学版）2014 年第 4 期。

哈特维希·波伊茨：《重审智库现象》，《国外社会科学》2014 年第 2 期。

刘丽娟：《当代以色列人的中国观——基于以色列报纸及智库报告的考察》，《国际关系研究》2015 年第 2 期。

吴思科：《智库在中阿产能合作中发挥引领作用》，《宁夏社会科学》2015 年第 11 期。

杨光：《中阿关系与中阿智库建设》，《宁夏社会科学》2015 年第 11 期。

王林聪：《智库建设与中阿“一带一路”共建》，《宁夏社会科学》2015 年第 11 期。

王健：《中国智库发展与中阿智库合作》，《宁夏社会科学》2015年第11期。

曹真：《美国思想库运行机制对我国思想库发展的启示》，湘潭大学硕士学位论文，2014。

冯俊：《中国思想库对公共政策制定的影响研究》，河北大学硕士学位论文，2015。

金梦溪：《美国布鲁金斯学会研究——对美国外交思想库的重新认识》，四川师范大学硕士学位论文，2013。

高松林：《土耳其公民社会研究》，中国社会科学院研究生院硕士学位论文，2012。

李智育：《正发党执政期间土耳其民主巩固研究（2002-2014）》，北京外国语大学博士学位论文，2015。

王林聪：《当代中东伊斯兰国家民主化若干问题研究——以土耳其、埃及、约旦、伊朗和沙特阿拉伯为例》，中国社会科学院研究生院博士学位论文，2003。

陆瑾：《历史与现实视阈下的中伊合作：基于伊朗人对“一带一路”认知的解读》，《西亚非洲》2015年第6期。

范鸿达：《中国在伊朗推进“一带一路”战略倡议的政治环境与因应》，《西亚非洲》2016年第2期。

王文：《透过伊朗高访看中国智库外交》，《对外传播》2016年第3期。

二　外文资料

（一）主要参考著作

Alan J. Day, *Think Tanks: An International Directory*, Longman Publishing Group, 1993.

Donald E. Abelson, *Do Think Tanks Matter?: Assessing the Impact of Public Policy Institutes*, McGill - Queen's University Press, 2002.

James Allen Smith, *The Idea Brokers: Think Tanks and the Rise of the New Policy Elite*, Free Press, 1993.

Diane Stone & Andrew Denham, *Think Tank Traditions: Policy Research and the Politics of Ideas*, Manchester University Press, 2004.

James G. McGann & R. Kent Weaver, *Think Tanks and Civil Societies: Catalysts for Ideas and Action*, Transaction Publishers, 2002.

Aras, Bülent, Sule Toktaş, Ümit Kurt, *Araştırma Merkezlerinin Yükselişi: Türkiye'de Dış Politika ve Ulusal Güvenlik Kültürü*, Ankara: Pelin Ofset, 2010.

Çevikalp, Mesut, Devlet Sivil Kendi Uzantısı Gibi Görmek İster, 2009.

Tüysüzoğlu, Göktürk, Türk Dış Politikası'nın İşleyişinde Düşünce Kuruluşlarının Rolü, 2015.

治国基础研究室编写组：《世界智库》，伊朗伊斯兰议会研究中心，2016。（波斯文）

赛义德·尤尼斯·阿迪亚尼：《思想根源逻辑——智库理论》，世界版图出版社，2004。（波斯文）

阿里·帕亚：《智库——21世纪发展的动力》，科技部文化研究和社会计划办公室，德黑兰，2014。（波斯文）

（二）主要参考论文

1. 英文论文

James G. McGann, *2015 Global Go to Think Tank Index Report*, TTCSP Global Go to Think Tank Index Report, Paper 10, Feb. 2016, http://repository.upenn.edu/think_tanks/10.

Hannah Elka Meyers, "Does Israel Need Think Tanks?", *The Middle East Quarterly*, Winter 2009, Volume 16, Number 1.

Heba Jamal El Din, "The Role of Think Tanks in Influencing Policy-Making in Israel," *Contemporary Arab Affairs*, 9: 2, 2016, pp. 187 - 211.

Özgür, Hüseyin, Onur Kulaç, "An Analysis of the Studies on Think Tank Success and Ranking," *European Scifentific Journal*, Vol. 2, 2015.

2. 土耳其语论文

Günek, Abdulsamet, "Küresel Çağın Yeni 'Bilgi Tapınakları' Küresel Ağlara Sahip Vakıf ve Think Tankar," *Global Media Journal*, TR Edition, 6 (12), 2016.

Keskin, Fatih, "Modern Demokrasilerde Yeni Politik Seçkinler: Think Tanklar ve Politikadaki Rolleri," *Sosyo Ekonomi*, Vol. 1, 2005.

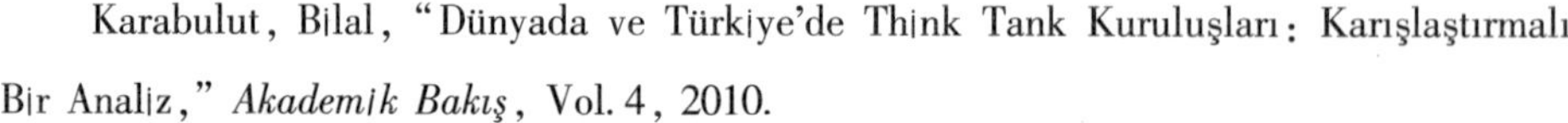

Karabulut, Bilal, "Dünyada ve Türkiye'de Think Tank Kuruluşları: Karışlaştırmalı Bir Analiz," *Akademik Bakış*, Vol. 4, 2010.

3. 波斯文论文

马吉德·瓦西德、穆罕默德·塔吉·阿曼普尔：《资政顾问的地位、重要性及其扮演的角色——以德黑兰计划和研究中心为例》，《政策季刊》2009年第10期。

普尔·马苏姆、阿里·阿斯加尔：《智库及其在管理者决策中的作用》，《发展战略》2009年第17期。

科技部高等教育发展委员会：《建立智库的方法》，2005年7月30日发布。

赛义德·尤尼斯·阿迪亚尼：《思想建设和思想构建库》，《盘加赫期刊》，第129期。

艾斯纳费·阿米尔礼萨、阿尔沙迪·胡马、皮里·扎赫拉、萨夫扎德·萨拉、玛丽亚姆·米尔扎伊：《夏希德·巴赫什提大学研究中心和智库图书馆网站现状研究》，《认知科学杂志》2013年第21期。

伊玛目·主麻扎德、穆吉塔巴·巴巴伊：《智库在美国外交政策制定中的作用——以伊朗核问题为例》，《国际关系研究》2015年第29期。

阿米里·梅赫迪：《智库在土耳其外交政策制定中的地位》，《国防战略》2005年第8期。

艾哈迈德·奥高杰里、马赫穆德·阿斯加利：《智库在安全国防政策制定中的创造性作用》，《国防战略季刊》2011年第32期。

扎勒费·格勒、穆罕默德·阿里：《智库在未来研究中的作用，伊朗未来研究信息基地》，科技政策组，2006年秋季。

贾瓦德·叙扎伊、哈米德·沙费伊扎德：《智库及其解决问题的机制》，《伊斯法罕文化》2007年第36期。

萨里赫·阿萨尔、阿里·侯赛因、穆罕默德礼萨·米尔扎·阿米尼：《国防智库简介》，《国防战略》2005年第8期。

塔巴尔萨、古兰姆侯赛因、纳斯林·德赫甘：《智库及其在组织中的地位》，《思索》2010年第218期。

图书在版编目(CIP)数据

中东非阿拉伯国家智库研究 / 杨阳等著. -- 北京 : 社会科学文献出版社, 2017.7

(丝路学研究 · 国别和区域丛书)

ISBN 978 - 7 - 5201 - 0996 - 3

Ⅰ. ①中… Ⅱ. ①杨… Ⅲ. ①方针政策 - 研究 - 中东 ②方针政策 - 研究 - 非洲③方针政策 - 研究 - 非洲 Ⅳ. ①D737②D74③D737.1

中国版本图书馆 CIP 数据核字(2017)第 149188 号

丝路学研究 · 国别和区域丛书

中东非阿拉伯国家智库研究

著　　者 / 杨　阳 等

出 版 人 / 谢寿光

项目统筹 / 高明秀　许玉燕

责任编辑 / 许玉燕　郭红婷

出　　版 / 社会科学文献出版社 · 当代世界出版分社 (010) 59367004

地址: 北京市北三环中路甲 29 号院华龙大厦　邮编: 100029

网址: www.ssap.com.cn

发　　行 / 市场营销中心 (010) 59367081　59367018

印　　装 / 北京季蜂印刷有限公司

规　　格 / 开　本: 787mm × 1092mm　1/16

印　张: 11.25　字　数: 190 千字

版　　次 / 2017 年 7 月第 1 版　2017 年 7 月第 1 次印刷

书　　号 / ISBN 978 - 7 - 5201 - 0996 - 3

定　　价 / 69.00 元

本书如有印装质量问题, 请与读者服务中心 (010 - 59367028) 联系